GERD SCHNEIDER

GUARINO GUARINI

UNGEBAUTE BAUTEN

WIESBADEN 1997

DR. LUDWIG REICHERT VERLAG

Die Deutsche Bibliothek – CIP–Einheitsaufnahme

Schneider, Gerd:
Guarino Guarini, ungebaute Bauten /
Gerd Schneider. – Wiesbaden: Reichert, 1997
ISBN 3-89500-036-1

© 1997 Dr. Ludwig Reichert Verlag Wiesbaden
Das Werk einschließlich aller seiner Teile ist urheberrechtlich geschützt. Jede Verwertung außerhalb der engen Grenzen des Urheberrechtsgesetzes ist ohne Zustimmung des Verlages unzulässig und strafbar. Dies gilt insbesondere für Vervielfältigungen, Übersetzungen, Mikroverfilmungen und die Einspeicherung und Verarbeitung in elektronischen Systemen.
Gesamtherstellung: Offizin Chr. Scheufele, Stuttgart
Gedruckt auf alterungsbeständigem Papier mit neutralem pH-Wert
Printed in Germany

Inhalt

Einleitung 7

Einzelbauten, Zeichnungen und Text 13

    Lissabon, Santa Maria della Divina Providenza 13

    Prag, Sankt Maria von Altötting 19

    Turin, San Filippo Neri 25

    Casale Monferrato, San Filippo Neri 31

    Vicenza, San Gaetano 37

    Nizza, San Gaetano 47

    Messina, Padri Somaschi 53

    Oropa (Oruppa), Sanktuarium Santa Maria 63

    Paris, Sainte-Anne-la-Royale 69

    Turin, La Consolata 77

    Französischer Palast 85

    Zwei Pavillons für den Park des Palastes Racconigi bei Turin 91

Literaturhinweise 97

Abbildungsnachweis 98

Einleitung

Durch ein kleines Büchlein „Guarino Guarini" von Paolo Portoghesi wurde ich in den fünfziger Jahren auf den Architekten aufmerksam. Ab 1994 beschäftigte mich sein Werk intensiver. Anlaß war mein Wunsch, mir eine bessere Vorstellung von seinen Entwürfen machen zu können.

Von Kunst- und Bauwerken, die in früheren Jahrhunderten zerstört, nicht vollendet oder überhaupt nicht errichtet wurden, geht eine besondere Faszination aus, regen sie doch Phantasie und Vorstellungsvermögen zu Spekulationen und Ergänzungen an, auch wenn diese sich nur vor dem geistigen Auge vollziehen. Man denke nur an die vielen in Ruinen liegenden Tempel früher Kulturen, an unvollendete mittelalterliche Türme oder die ungebaut gebliebenen Entwürfe Balthasar Neumanns. Auch die nicht verwirklichten Pläne Guarino Guarinis gehören zu ihnen.

Nun kann sich zwar ein Fachmann aus Plänen und Schnitten eine Vorstellung von einem Bau machen, meist gelingt dies aber nur in Grenzen. Auch braucht es Zeit, Pläne zu lesen und sich sein Bild zusammenzusetzen. Daraus abgeleitete Beschreibungen können falsche Beurteilungen nach sich ziehen. Die räumliche Vorstellungskraft reicht bei den meisten Menschen nicht aus, sich Räume tatsächlich dreidimensional vorzustellen. Auch mir ist das nicht bis ins letzte Detail hinein möglich. Tatsächlich können erst hinzukommende Ansichten einen Bau vollständiger erfassen. Wie mit meiner Arbeit „Unbekannte Werke barocker Baukunst, Ansichten nach Entwürfen von Balthasar Neumann und Zeitgenossen" will ich auch am Beispiel Guarino Guarinis versuchen, mit gezeichneten Ansichten dem Vorstellungsvermögen des architekturinteressierten Lesers zu Hilfe zu kommen. Schon Raffael hielt es für notwendig, zur Wiedergabe eines Baus nicht allein Orthogonalprojektionen zu verwenden, sondern sie durch Ansichten zu ergänzen, da nur Perspektiven einen sinnlichen Raumeindruck vermitteln können. Auch Bramante zeichnete bei der Planung eines Baus neben Grundrissen, Aufrissen und Schnitten zusätzlich Ansichten vom Standpunkt des Betrachters aus. Jeder Architekt weiß, wie sehr zusätzlich gefertigte Ansichten und Modelle seit Jahrhunderten den Bauherren helfen, die Pläne zu veranschaulichen und ihre Beurteilung zu erleichtern. Manchmal lassen erst Modelle und Ansichten abgelehnter Entwürfe deutlich erkennen, daß ihr künstlerischer Wert höher eingeschätzt werden muß als die an ihrer Stelle ausgeführten Bauten.

Guarino Guarini gehört zu den italienischen Barockarchitekten, von denen sich nur verhältnismäßig wenige Bauten erhalten haben. Sie stehen fast alle in dem etwas abgelegenen Turin und sind lange nicht so bekannt wie die von Gianlorenzo Bernini und Francesco Borromini in Rom. Von ihm sind die Kirchen *S. Lorenzo* und *SS. Sindone* sowie die Paläste *Carignano* und *Collegio dei Nobili* erhalten. Der Palast *Raconigi* in Carignano, zwanzig Kilometer südlich von Turin, wurde stark verändert, desgleichen die Turiner Kirche *La Consolata*. Die gleichfalls in Turin stehende Kirche *Immaculata Concezione* und *S. Maria d'Araceli* in Vicenza sind nach Guarinis Plänen erst nach seinem Tod entstanden. Das früher existierende Turiner Stadttor *Porta del Po* wurde im 19. Jahrhundert abgebrochen und auch die von Guarini stammende Fassade der Kirche *S. Maria Annunziata* in Messina wurde – wegen Erdbebenschäden – 1908 geschleift. Ebenfalls abgebrochen wurde die Pariser Kirche *Ste-Anne-la-Royale*, die nur teilweise nach Guarinis Plänen gebaut worden war. Außerdem werden Guarini aus seiner Frühzeit Tabernakel und Details in *S. Vicenzo* und der *Konvent der Theatiner* – beide in Modena – zugeschrieben, desgleichen das spätere Tabernakel in *S. Nicolò* in Verona.

Guarino Guarini, 1624 in Modena geboren und 1683 in Mailand gestorben, trat früh dem Theatinerorden bei und gehörte zu den universal gebildeten und tätigen Persönlichkeiten seiner Zeit. Er betätigte sich nicht nur als Architekt, sondern auch auf den Gebieten der Mathematik, Geometrie und Philosophie, in denen er hohe Anerkennung fand. In Messina hat er außerdem ein Theaterstück geschrieben.

Von den großen Barockarchitekten war es vor allem Francesco Borromini, dem er viele Anregungen verdankte, zum Beispiel dessen Vorliebe für Gewölbebänder wie im *Palazzo Propaganda Fide* in Rom, für die konkav und konvex gebogene Fassade und die ebenfalls allesamt gebogenen Innenraumwände von *S. Lorenzo*, auch in Rom. Zur Verwendung von Rippen dürfte Guarini wohl von maurischen, spätromanischen und gotischen Rippengewölben Spaniens inspiriert gewesen sein, die er vermutlich bei seinem dortigen Aufenthalt gesehen hat. Wie fast alle großen Architekten hat er von außerhalb kommende Anregungen umgewandelt und mit eigenen Vorstellungen verbunden.

Seine Bauten – die ausgeführten wie die im Entwurf gebliebenen – sind komplizierte Raumkompositionen, in denen stereometrische Bauelemente – Kuppel, Tambour, Tonne, Kegel etc. – auf immer neue, originelle und unerwartete Art miteinander kombiniert sind. Die manchmal ausgefallenen, intellektuell ausgeklügelten Konstruktionen zeigen deutlich manieristische Züge. Sie wirken sowohl rational als auch irrational, lösen Erstaunen aus und wirken wegen ihrer ungewohnten Formen bis heute zugleich anziehend und für manche auch befremdend. Seine expressive Architektur kennt kein Mittelmaß; sie zeigt in ihren Formverbindungen kaum überbietbare Phantasie und Vielfalt mit immer wieder neuen Überraschungen. Etliche Bauten Guarinis (Casale u.a.) besitzen die organisch geschmeidigen Formen Berninis, Borrominis und Pietro da Cortonas, doch stehen ihnen andere Bauten mit strengen, klar abgesetzten Formen gegenüber (*S. Filippo Neri*, Turin).

Der an Guarinis Bauten Interessierte wird feststellen, daß viele Stiche für ungebaute Entwürfe von Guarini existieren: Es sind Pläne für zwei Paläste, drei Gartenpavillons, Befestigungsanlagen und zehn Kirchen, eingerechnet die verändert errichteten *La Consolata* in Turin und *Ste-Anne-la-Royale* in Paris. Diese Entwürfe sind für die Ideen Guarinis nicht weniger aufschlußreich als die verwirklichten Bauten. Aus welchen Gründen sie ungebaut blieben, wissen wir meist nicht, doch dürfte ihre Finanzierung sicher eine Rolle gespielt haben.

Sie sind posthum 1737 in „Architettura civile" erschienen. Mehr als die errichteten Bauten waren es diese in ganz Europa verbreiteten Stiche, die die Architekten bis tief ins 18. Jahrhundert fasziniert und angeregt haben. Die Linien in den erhaltenen Blättern sind teilweise unterbrochen oder ganz verschluckt – z.B. in den Grundrißhälften von G 56 und G 57 – doch sind die Formen der Bauten überall ergänzbar.

Charakteristische Besonderheiten treffen auf die verwirklichten wie auch auf die nicht verwirklichten Bauten zu. Vor allem ist es eine oft außergewöhnliche Bewegtheit und Dynamik, die nicht mehr steigerbar erscheint. So sind bei der Mehrzahl seiner Bauten sämtliche Wände gebogen. Zusätzlich geben die Häufung von Säulen (Casale) und Halbsäulen (Messina) den Räumen Bewegung und größere Durchsichtigkeit, als es mit Pfeilern möglich gewesen wäre. In Lissabon sind selbst Säulen- und Pilasterschäfte in spiral- und wellenförmige Bewegung versetzt. Nur das strenge und feierliche Innere der Kirche *S. Filippo Neri* in Turin wirkt eher statisch ausgewogen als dynamisch, da alle Mittelschiffwände – mit Ausnahme der West- und Ostseite – gerade verlaufen. Viele seiner Fensterformen sind phantasievoll und bewegt: So findet man herzförmige (Casale), Dreipaßfenster (*S. Gaetano*, Vicenza), Ohrenfenster (Paris), ovale (Vicenza) und kreisförmige Oculi (Casale) sowie aus acht einschwingenden Bogen gebildete Fenster (*La Consolata*, Turin); dazu kommen herkömmliche Formen.

Guarini hat mehr Zentral- als Längsbauten entworfen. Außer den beiden gebauten Kirchen *S. Lorenzo* und *SS. Sindone* in Turin entwarf er fünf weitere Zentralbauten. *La Consolata* (Turin) besitzt in seinem hinteren Teil ebenfalls einen Zentralbau, außerdem nehmen zwei weitere Pläne eine Zwischenstellung zwischen Längs- und Zentralbauten ein: Paris mit verlängertem Chor und *S. Maria Araceli* in Vicenza mit ovalem Grundriß. Zwar sind manchen Zentralbauten meist niedrigere Räume angeschlossen (Oropa, Casale, Nizza), doch ordnen sie sich völlig dem großen Hauptraum unter.

Gemeinsames Merkmal fast aller Zentralbauten ist ihre ungewöhnliche Höhe. In sich verjüngenden Stufen steigen sie auf, so daß sie von außen ein fast pagodenartiges Aussehen erhalten: Zweistufig in Messina, Vicenza und Paris, dreistufig in Nizza und sogar vierstufig in Oropa. Untypisch niedrig mit nur einer Stufe und einer Kuppel sind die Zentren der Kirchen in Casale und *La Consolata* in Turin. Die Stufen können aus polygonalen Tambouren bestehen, um eine halbe Fensterachse gegeneinander verdreht sein; es können aber auch kreisförmige Zylinder, konkav vorgebogene oder konvex zurückgebogene Fensterwände sein. Sie gipfeln meist in kleinen Kuppeln, Laternen oder in Abtreppungen (*S. Gaetano*, Vicenza).

Die Zentren selbst erheben sich über vier-, fünf-, sechs- und achteckigen Grundrissen. Erst der Blick ins Innere der Zentren zeigt, daß meist mehrere Gewölbe übereinander liegen, die allerdings von außen oft durch die hochgezogenen Tambourwände verdeckt sind, was sowohl für die ausgeführten Bauten als auch für die nur geplanten gilt. Auch hier zeigt sich eine erstaunliche Vielfalt: In *SS. Sindone* sind es 36 Segmentbogen, die den Hauptteil des Gewölbes bilden. Häufig kommen flache, sich kreuzende Rippenbänder vor (*S. Lorenzo* in Turin, Messina, Nizza und verdoppelt in Paris). Sie lassen sich auch als Ausschnitte aus Kuppelgewölben sehen. Guarini benutzt oft lisenenartige Bänder in seinen Gewölben. Manchmal umschließen die Bänder runde oder mehreckige Laternen. So bestehen in Prag und Paris die Schmalseiten der Laternen auf jeder Seite aus je zwei Flächen, die entlang der Gewölbebänder schräg abwärts verlaufen, eine sonst nirgendwo wieder anzutreffende, nur bei Guarini vorkommende Eigenart. Im 18. Jahrhundert werden vergleichbare Bänder in Madrider Kirchen, im Piemont von Bernardo Antonio Vittone und in Böhmen von Giovanni Santini übernommen. Kein anderer Architekt des 18. Jahrhunderts ist der Formensprache Guarinis mehr verbunden als Vittone. Weitere Gewölbeformen sind Wangenkuppeln (Nizza, Messina), aber auch runde Kuppeln (Casale), flache mit breiter, ringförmiger Scheitelöffnung und steil gestreckte Kuppeln (Vicenza), Stichkappen und Pendentifs (Casale). Wie im Äußeren spiegeln sich auch im Inneren die unerwarteten und überraschenden Drehungen übereinanderliegender Gewölbe (Nizza, Messina). Selbst Scheinemporen dienen der Belebung und Höhensteigerung (Messina, Lissabon, Casale, Nizza).

Durch die Vervielfältigung von Gewölben und Abstufungen wird eine wirkungsvolle Steigerung erreicht, die Kuppel in immer größere Höhe entrückt und in fast irrational mystische Bereiche gehoben (Oropa). Auch die von unten nicht sichtbaren Kuppelfenster in Vicenza und *SS. Sindone* lassen durch ihr indirektes Licht die Kuppeln schwerelos und schwebend erscheinen; es sind möglicherweise die ersten Entwürfe dieser Art, die beispielsweise in der *Asamkirche* in Weltenburg Nachfolge fanden. Form und Höhe der Zentren hat im 18. Jahrhundert Bernardo Antonio Vittone in Oberitalien weitergeführt.

Weitere ungewöhnliche Gewölbeformen in den Entwürfen Guarinis sind Konchengewölbe, die sich aus einer stehenden und einer liegenden Kappe zusammensetzen und sich in einer Diagonalen schneiden (Nizza). Es sind mir nirgendwo sonst Gewölbe dieser Form bekannt. Auch Viertelkuppeln und halbierte Kegelstumpfgewölbe kommen vor (Oropa). Schmalere Kegelstumpfschnitte dienen dem Hexagon der Kirche *La Consolata* in Turin als Arkadenbogen und schräge Tonnenausschnitte als Gurtbogen. Die Arkaden- und Fensterbogen ovaler oder kreisförmiger Raumteile sind häufig über ihren Grundrissen gekrümmt (Prag u.a.). Dabei können zwei im Durchmesser verschieden breite, gegeneinander gekrümmte Bogen nebeneinander ansteigen und der äußere sich über den anderen schieben, so daß ihre Scheitel übereinander liegen (Lissabon). Oder die höher liegenden Fensterbogen und die entgegengesetzt gekrümmten Bogen der niedrigeren Seitenkapellen schieben sich mit ihren Scheiteln übereinander hinweg (Vicenza). Schließlich können sich zwei konkav und konvex gekrümmte Bogen im Scheitel vereinen (Oropa).

Die Verwendung gekrümmter und die Verschmelzung zweier Bogen fand im 18. Jahrhundert in der Architektur Böhmens und Frankens ein lebhaftes Echo. Giovanni Santini, Lucas von Hildebrandt, Johann, Christoph und Kilian Ignaz Dientzenhofer sowie Balthasar Neumann verwenden sie, allerdings nicht wie bei Guarini zwischen Haupt- und Nebenräumen, sondern zur Überspannung des Hauptraums.

Als Längsbau hat Guarini nur einen Bau verwirklichen können (*Immaculata Concezione*, Turin). Vier weitere hat er entworfen, und zwar für Lissabon, Prag und Turin (*S. Filippo Neri*); von dem vierten, der starke Bezüge zum Lissaboner Entwurf besitzt, hat sich nur ein Grundriß erhalten; schließlich ist noch der Breitbau der Turiner Kirche *La Consolata* zu nennen: Er stellt als quergerichteter Baukörper, der seitlich in zwei Konchen endet, eine Sonderlösung dar. Der Lissaboner Entwurf ist mit seinem Querschiff und dem Grundriß eines lateinischen Kreuzes am stärksten an herkömmlichen Formen in Art der Kirche *Il Gesù* in Rom orientiert. Dagegen sind die Bauten in Prag und Turin querschifflos. Während in Prag die mittlere der drei Kuppeln herausgehoben ist, ist sie in der ausgeführten Kirche *Immaculata Concezione* den beiden anderen untergeordnet; in *S. Filippo Neri* sind alle drei mittleren Gewölbe gleich, ebenso die zwei äußeren.

Ein weiteres typisches, oft vorkommendes Merkmal – vor allem in den Längsbauten – sind übereck stehende Pfeiler und Wandpfeiler (verwirklicht nur in *Immaculata Concezione*, sonst in den Entwürfen für *S. Filippo Neri*, Prag, Paris). Sie trennen die einzelnen Joche hart voneinander, schnüren sie zu hohen, schmalen Abschnitten ein, führen sie aber auch schräg ineinander über. Die einzelnen Raumteile sind zu den Außenwänden hin ausgeweitet, besonders in *S. Filippo Neri*. In derselben Kirche und in der von Paris schiebt sich zwischen die beiden schräg verlaufenden Wandpfeilerflächen eine Kerbe, die sich konsequent in den Gurtbogen fortsetzt.

Schräg stehende Wandpfeiler sind im 18. Jahrhundert häufig in Böhmen, Franken und Schlesien anzutreffen, auch wenn in den Gewölben nicht immer konsequent fortgesetzt wird, was die Pfeiler versprechen. Die von Santini in Böhmen erbaute Klosterkirche *Rajhrad* weist statt einer Kerbe Viertelsäulen auf, übernimmt aber vom Prager Entwurf Guarinis für alle drei Gewölbeabschnitte die Einschnürungen durch die Wandpfeiler.

Die meisten Kirchenfassaden Guarinis sind reich mit Säulen und Figuren versehen, so daß kaum eine größere Fläche leer bleibt und sich damit die Plastizität erhöht. Sie sind wie die Zentren der Zentralbauten mehrgeschossig angelegt und verjüngen sich nach oben. Zweistufig wie *Il Gesù* in Rom sind z.B. die Fassaden in Prag, Paris und *S. Filippo Neri* in Turin und vierstufig die Fassade der abgebrochenen Theatinerkirche *S. Maria Annunziata* in Messina. Die Zentralbauten in Nizza, Oropa und Messina beschränken sich zugunsten ihres turmhohen Zentrums auf ein Fassadengeschoß. Das Äußere des französischen Palastes besitzt keine zusammenfassende Kolossalordnung, sondern ist durch Gesimse in drei Abschnitte geteilt. Im Grundriß schwingen einige Kirchenfassaden wellenförmig in der Mitte vor und an den Seiten zurück (Lissabon, Prag, Paris, Nizza und *Immaculata Concezione* in Turin). Andere verlaufen gerade (*La Consolata* und *S. Lorenzo* in Turin). Mit ihrer gebogenen Fassade und ihren beiden Geschossen geht die *Nikolauskirche* von Christoph Dientzenhofer in Prag-Kleinseite deutlich auf Guarinis Prager Entwurf zurück.

Offensichtlich werden in allen Bauten Kontraste gegeneinander ausgespielt. Einige Beispiele sollen das verdeutlichen und könnten vielfach erweitert werden: In Messina und Nizza sind es die schon erwähnten Drehungen in den übereinanderliegenden Kuppeltambouren, in Casale schwingen die Bogen der Diagonalkapellen in umgekehrter Biegung in die kreisförmigen Kreuzarme ein, in Vicenza liegt eine gestreckte Kuppel über einer mit breiter Scheitelöffnung, in Paris, Prag und Messina wechseln gerade mit gebogenen Innenwänden, und am Außenbau in Paris erhebt sich über dem breiten Tambour mit von außen eingekerbten und zurückgebogenen Wänden ein kreisförmiger; Dieselben kontrastierenden Biegungen findet man an Christopher Wrens Modell und Vorentwurf von 1672 und 1673 für die *St. Paul's Cathedral* in London, wo die Außenwand der Vierung und der Kuppeltambour umgekehrt gebogen sind. Man weiß, daß sich Guarini und Wren in den sechziger Jahren in Paris getroffen haben, so daß nicht auszuschließen ist, daß Wren Anregungen seines italienischen Kollegen aufgegriffen hat.

Gegensätzlich sind auch die beiden vierteiligen Zentralbauten in Vicenza und Casale. Beide haben gleichlange Kreuzarme, Diagonalräume und eine betonte Vierung. Ist die Kirche in Vicenza hoch, so ist die in Casale breit konzipiert, besitzt Vicenza im Grundriß kreisförmige Diagonalräume, so verwendet Casale konkav nach innen gebogene; und ist das Kuppelgesims in Vicenza eng und die Kuppel weit, so ist es in Casale umgekehrt.

Außergewöhnlich ist auch die Kühnheit der Konstruktion, die die Baumasse oft bis an den Rand der statischen Sicherheit ausdünnt. Dazu gehören die Pfeiler des Zentrums in Messina, die auf vier mal vier Säulen ruhende Vierung in Casale und die dünnen rhombenförmigen Pfeiler des Hexagons in der Turiner Kirche *La Consolata*. Man fürchtet bei ihrem Anblick um die Festigkeit der Bauten. Sicher beabsichtigte der Architekt, die Durchsichtigkeit und Leichtigkeit der Innenräume hervorzuheben. Erstaunlich ist auch die Lagerung der beiden Kuppeln in der Kirche *S. Gaetano* in Vicenza nicht nur auf den Vierungspfeilern, sondern auch auf den Kuppelgewölben der vier Kreuzarme. Der Gesimsring der Vierung hat nur eine Balustrade zu tragen.

Guarinis Entwürfe sind Idealfassungen, erste Ausarbeitungen von Bauideen, und es ist wahrscheinlich, daß er sie – wären sie ausgeführt worden – unter Beibehaltung ihrer Grundidee in einzelnen Punkten noch verändert hätte. So haben sich vom Turiner *Palazzo Carignano* unterschiedliche Vorentwürfe erhalten. Auch sind im Entwurf für die Kirche *La Consolata* in Turin in den Konchen des vorderen Baues Einzelpilaster eingezeichnet. Ausgeführt wurden jedoch Doppelpilaster, die noch auf Guarini zurückgehen müssen, da der Architekt erst zwei Jahre nach Baubeginn Turin verließ. Mit den zahlreichen späteren Veränderungen hat Guarini allerdings nichts mehr zu tun.

Guarini legt manchmal nur vereinfachte Grundformen fest. Er verzichtet beispielsweise auf die Einzeichnung von Portalen (Casale, ovaler Pavillon) und Chorfenster (Paris). Von der Kirche in Casale und dem ovalen Pavillon existieren nicht einmal Aufrisse, und vom kreisförmigen Pavillon fehlt der Schnitt. Auch der Dekor ist auf ein Minimum reduziert. Das alles scheint dem Architekten zunächst sekundär gewesen zu sein.

Da man im 17. Jahrhundert andere Anforderungen an Risse und Schnitte hatte als heute, ist das Lesen der Pläne manchmal schwierig. Etliche Pläne sind nicht vollständig wiedergegeben. Von vier Bauten sind die Grundrisse nur halbiert gezeigt und von den beiden Gartenpavillons nur zu einem Viertel. Von der Kirche in Oropa geben Riß und Schnitt nur die Hälfte wieder, von der Kirche in Casale nur Außendetails. Bei näherer Beschäftigung mit den Entwürfen zeigen sich Unstimmigkeiten. Vielleicht hatten die Stecher Schwierigkeiten, Jahrzehnte nach Guarinis Tod seine Pläne umzusetzen. Nur wenn die Unklarheiten entschlüsselt werden konnten, waren die Voraussetzungen für Ansichten gegeben. Beispiele hierfür sind fehlerhafte Stellen in den Plänen von *Padri Somaschi* in Messina und *S. Filippo Neri* in Turin. Im Turiner Entwurf stimmen die ersten und letzten Gurtbogen des Raumes zwischen Grundriß und Schnitt nicht überein. Im Grundriß für Messina fehlen beim unteren Tambour die Ansätze der Gewölbebänder; auch müßten die gekrümmten Bogen um die kleinen Kuppeln über den Säulenschäften und nicht neben ihnen aufsteigen. Ein anderer, scheinbarer Fehler – im selben Entwurf – stellt sich bei näherer Untersuchung als absichtliche Veränderung heraus. Im Schnitt sind die Scheinemporen, seitliche Arkadenbogen und seitliche Fenster des unteren Tambours so wiedergegeben, wie sie nur bei einer Drehung um eine halbe Fensterachse um 30 Grad zu sehen sind. Nur so konnte gezeigt werden, wie man sich diese Teile vorzustellen hat. Wäre man in der gleichen Schnittebene geblieben, wäre zu viel verdeckt gewesen und Unklarheiten wären geblieben. Alle anderen Stellen beziehen sich dagegen auf den halben Grundriß darunter. Obgleich von Casale nur für die halbe Vierungskuppel ein Aufriß existiert, war es möglich, eine Außenansicht zu zeichnen, da der Grundriß für die Außenmauer Lisenen oder Pilaster zeigt. Das Innere des kreisförmigen Pavillons ist dagegen nur in seinen Grundformen erfaßbar: Über vier einwärts gebogenen Wänden können nur Pendentifs zu dem überkuppelten Tambour vermitteln. Wie das Innere im einzelnen proportioniert sein sollte, ob und – wenn ja – wie Fenster, Zugänge, eventuell Emporen, Treppen im Obergeschoß aussehen sollten, ist nicht festgelegt, so daß nur eine sehr vage Vorstellung des Raumes möglich ist. Die gezeigte Kuppelansicht soll nicht mehr als ein Versuch sein, die Grundformen erkennen zu lassen Auch die Form der Vierungspfeiler der Kirche *S. Gaetano* in Vicenza und die der Pfeiler des Hexagons in Messina mußten geklärt werden, da die Grundrisse und Schnitte zu wenig Informationen bieten. Sie zeigen nur die Säulenschäfte und oberen Gesimsränder. Die Sockel, unteren Gesimsränder und Gewölbeansätze fehlen und mußten ergänzt werden. Für die Kirche *S. Gaetano* in Vicenza wird eine alternative Lösung für die Vierungspfeiler angeboten. Der Betrachter kann sich selbst ein Urteil bilden. Ich persönlich gebe der von Guarini abweichenden Form den Vorzug. Lineare Umrißzeichnungen können ohne Schraffur nicht immer verdeutlichen, wie eine Form aussieht. Deshalb mußten in den Bogen des Turiner Hexagons, in den Konchen von Nizza und in den Gewölben von Casale Schraffuren hinzugefügt werden. Auch in der Kuppelansicht der Kirche *S. Gaetano* in Vicenza wurden Gemälde in den Kuppeln der vier Kreuzarme eingezeichnet, obgleich Guarinis Schnitt nur die Mittelkuppeln mit Gemälden zeigt. Ohne die umliegenden Malereien wären zu große leere Flächen entstanden. Schließlich sind in die Fußböden großflächige Platten eingezeichnet, die in den Stichen fehlen; sie folgen in etwa den über ihnen befindlichen Gewölbelinien.

Eine Vorstellung von einem Innenraum ist nur durch mehrere Ansichten zu erreichen. Die Bleistiftzeichnungen vermitteln im Gegensatz zu Com-

Einleitung 11

puterzeichnungen größere Lebendigkeit. Einige zeigen den Raum in extremem Weitwinkel; im Foto würde der gleiche Ausschnitt verzerrt wirken, vor allem an den Rändern. Das ist in der Zeichnung weitgehend vermeidbar. Trotzdem waren Verzerrungen der Größenverhältnisse nicht immer zu vermeiden: Die Innenansicht der Kirche in Oropa zeigt einerseits die nahezu ganze Höhe des Raumes, doch erscheinen andererseits die vorderen Wandpfeiler im Vergleich zu den hinteren zu groß, so daß die hinteren viel zu weit entfernt zu liegen scheinen. Dennoch war mir der Gesamteindruck mit seiner expressiven Höhensteigerung so wichtig, daß ich sie in die Zeichnung einbezog.

Auch der Dekor ist in den Stichen reduziert und sollte in der Ausführung sicher reichere Verwendung finden, was die ausgeführten Bauten zeigen. Nur beim Entwurf der Pariser Kirche fügte Guarini mehrere Kapitelle und Profilleisten bei. Daß ihm Dekor wichtig war, ist an den Rahmungen in *S. Vicenzo* in Modena zu sehen; außerdem haben sich sieben Stiche Guarinis mit sehr reichen Kapitellen und Säulensystemen und drei Blätter mit Arkadenentwürfen erhalten.

Auf Ausstattungsgegenstände (Altäre, Gestühl etc.) wurde in den Ansichten wie in den Stichen verzichtet. Es treten dadurch die Strukturen der Bauten auch besser hervor.

Da ich die Erfahrung gemacht habe, daß viele nicht sehen, worauf nicht hingewiesen wird, sind bei jedem Bau kurze Texte hinzugefügt. Zur besseren Unterscheidung ist in der Numerierung allen Stichen Guarinis ein G vorgestellt.

Dem Buch „Guarino Guarini and his architecture" von H. A. MEEK entnahm ich die wichtigsten Fakten zu Leben und Werk des Architekten. Besonders interessierten mich Publikationen, in denen neben den ausgeführten Bauten auf die unausgeführt gebliebenen Entwürfe eingegangen wird: „I Disegni d'Architettura civile ed Ecclesiastica di Guarino Guarini e l'Arte del Maestro" (1966) von Dario DE BERNARDO FERRERO zeigt außer den Guarinischen Stichen auch eine Zeichnung mit einer Außenansicht von Oropa. Auch in „Guarino Guarini e l'internazionalità del Barocco" von 1970 mit den Beiträgen des Kongresses der Akademie der Wissenschaften in Turin vom Herbst 1968 ist von Franco BARSI zu der ungebaut gebliebenen Kirche in Messina eine Zeichnung enthalten. Die meines Wissens umfangreichste Beschäftigung mit nicht verwirklichten Kirchen Guarinis enthält der Beitrag von Mario PASSANTI. Er enthält zu sieben Bauten 30 Grundrisse, Aufrisse und Schnitte, die erheblich zur besseren Vorstellung beitragen. Ich habe deshalb in meinen Zeichnungen bis auf vervollständigte Grundrisse keinen Aufriß und Schnitt einbezogen, der von PASSANTI bereits publiziert wurde, es sei denn, ich kam zu anderen Ergebnissen. Für die Interessierten ist es sicher hilfreich, daß im Text zu den Einzelbauten auf die Zeichnungen PASSANTIS hingewiesen wird.

Dank schulde ich vor allem der Geduld meiner Frau, meinem Sohn Peter Schneider, den Herren Werner Schnuchel und Hanno Brockoff vom Baugeschichtlichen Institut der Technischen Universität Karlsruhe und Frau Ursula Reichert für ihre Bemühungen und ihre Bereitschaft, auch diese Arbeit in ihrem Verlag zu veröffentlichen.

Lissabon

Santa Maria della Divina Providenza

Lissabon, Santa Maria della Divina Providenza

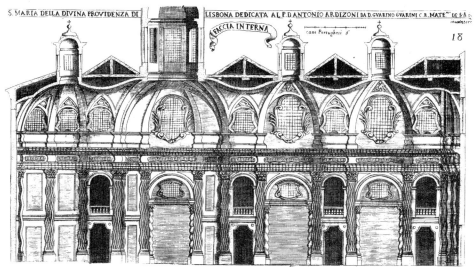

G1 Längsschnitt

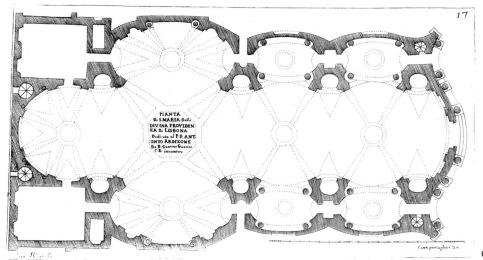

G2 Grundriß

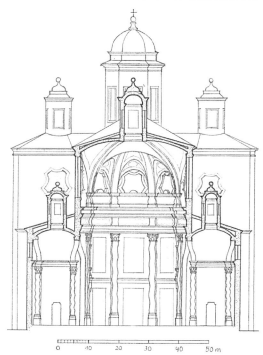

3 Querschnitt

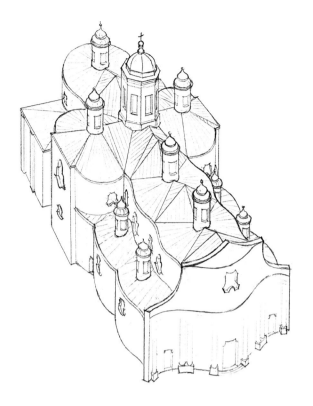

4 Vogelschauansicht

5 Inneres nach Südwesten

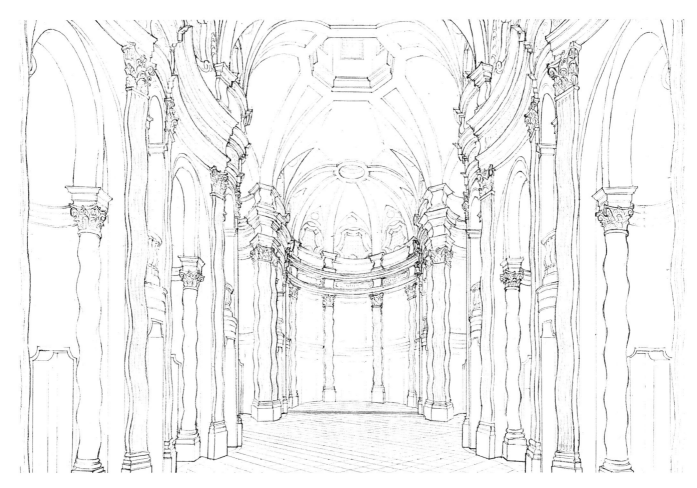

6 Inneres nach Osten

Die Pläne gehören zum frühesten Entwurf Guarinis, der 1660 entstanden sein dürfte. Vermutlich war Guarini 1657–60 in Lissabon. Die später gebaute und 1775 beim Erdbeben zerstörte Kirche entstand nach anderen Plänen; Guarinis Entwurf blieb ungebaut. Ein Grundriß und Längsschnitt haben sich erhalten (G1, G2), wogegen Außenrisse fehlen. Man wird sich die Schauseite zweigeschossig vorstellen dürfen in der gleichen Art wie die Fassade von Guarinis Kirche *Ste-Anne-la-Royale* in Paris (92). Es handelt sich bei dem Bau um einen Längsbau mit Seitenkapellen und einem Querschiff. Der Chor wird von vermutlich niedrigen Seitenräumen flankiert. Ist der Raumtypus noch relativ konventionell, so ist die formale Raumgliederung beherrscht von wellenförmig vor- und zurückschwingenden Wänden, von ansteigenden und abfallenden Gewölben und schlangenförmig sich windenden Säulen und Pfeilern. Sie verleihen dem Raum eine sich geradezu überschlagende Bewegung. Guarini kommt damit dem in Portugal und Spanien vorhandenen Bedürfnis nach bewegten Flächen entgegen, überträgt sie aber von der bloßen Wandoberfläche auf die Architektur selbst. Keine Wand verläuft gerade und kein Pilaster- und Säulenschaft nur senkrecht. Die Wandpfeiler biegen sich in den Raum vor. Zwischen ihren Pilastern liegen Scheinemporen über kleinen Nischen (5). Zwei ovale Kapellen mit je vier Säulen befinden sich auf jeder Seite des Mittelschiffs. Die Gesimse, Wände und Bogen zwischen den Wandpfeilern schwingen gekrümmt nach außen, während die kleineren, neben ihnen aufsteigenden Bogen der Seitenkapellen umgekehrt gekrümmt sind, so daß sich beide Bogen übereinanderschieben und ihre Scheitel übereinander liegen (G2, 5). Das Gesims durchzieht den gan-

7 Inneres nach Westen

zen Raum in gleicher Höhe. Auch die Fassade biegt sich konvex nach außen vor. Die Querschiffe haben ovale Grundrisse, der Chor jedoch einen halbkreisförmigen. Sie sind von je sechs Pilastern gegliedert. In den Querschiffen sind die Mittelachsen durch Bogen über Säulen betont.

Die an- und absteigenden Tonnengewölbe gehen ohne trennende Gurtbogen ineinander über. Lisenenartige Bänder führen zu den fünf gleichen Laternen hoch. Stichkappen schneiden in den Obergaden mit seinen geschweift gerahmten Fenstern ein. Ihre Glockenform ist im 18. Jahrhundert wieder in Böhmen zu finden, vor allem in Kirchen von Kilian Ignaz Dientzenhofer. Über dem von acht Bändern unterfangenen Vierungsgewölbe erhebt sich ein achteckiger Tambour, der in seiner Größe die anderen Laternen erheblich übertrifft. Der Guarinische Längsschnitt durchschneidet die achtwangige Kuppel (G 1), so daß die Spitze ähnlich denen der anderen Laternen ergänzt ist. Nur die Durchgänge durch die Seitenkapellen im Querschiff bleiben in ihrer Größe unbestimmt (7).

Einen nachfolgenden Bau ähnlicher Ausformung hat es weder in Portugal noch anderswo gegeben.

Der Aufsatz PASSANTIS zeigt einen Dachgrundriß, einen Querschnitt durch das Querschiff sowie zwei durch das Mittelschiff; einer gibt den Schnitt durch die gegenüberliegenden Pfeiler wieder, der andere durch die Arkadenmitte. Leider zeigt der Arkadenschnitt nur den gekrümmten Bogen zwischen den kleinen Säulen, nicht aber den umgekehrt gebogenen zwischen den Wandpfeilern. Auf meinem Schnitt sind die Gewölbe der Seitenkapellen niedriger und die Dächer anders ergänzt.

Prag

Sankt Maria von Altötting

Prag, Sankt Maria von Altötting

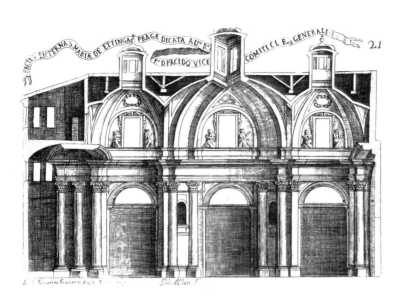

G 8 Längsschnitt

G 9 Aufriß der Fassade

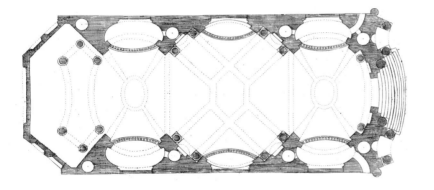

G 10 Grundriß

11 Querschnitt

20 Prag

12 Fassade und Nordseite der Kirche

Die Pläne entstanden 1679 und blieben unausgeführt. Ein Grundriß, ein Längsschnitt und ein Fassadenriß blieben erhalten (G 8, G 9, G 10). Der Längsbau ist querschifflos. Er hat drei hohe Laternengewölbe, an die sich im Chor ein niedrigeres Gewölbe anschließt. Der zweite Raumabschnitt ist größer als die sich anschließenden querovalen Joche, wodurch die Mitte stark betont wird. Die schräg stehenden Wandpfeiler schnüren den Raum zwischen den Jochen so ein, daß er hier mehr als doppelt so hoch wie breit ist. An die ovalen Joche schließen sich ebenfalls ovale Seitenkapellen an. Ihre Fensterbogen sowie die, die sich über dem durchlaufenden Gesims befinden, verlaufen über gebogenem Grundriß. Pilaster gliedern die Außenrotunden und setzen sich in lisenenartigen Gewölbegurten fort. In der größeren Mittelrotunde sind die Flanken der Wandpfeiler mit Säulenpaaren gegliedert. Dementsprechend treten auch ihre acht Gewölbegurte stärker hervor. Während die gestreckten Ovalkuppeln auch ovale Laternen aufweisen, ist die des mittleren Zentrums sechseckig (14). Die seitlichen Tambourwände verlaufen an ihren Rändern den Gewölbebändern folgend abwärts (G 8, 13), wie in den Laternen von Guarinis Pariser Kirchenentwurf (G 89, 99). Die drei Gewölbe knicken wie die Wandpfeiler rechtwinklig gegeneinander ab. Die quer verlaufenden Gurtbogen gehören zum mittleren Gewölbe. Die Gewölbe selbst setzen sich aus Kuppelsegmenten, Wangen und Stichkappen zusammen. Die Eingangsseite wird innen von einem gekrümmten Segmentbogen über zwei Säulen überspannt (15); der Bogen steigt über dem hier abbrechenden Gesims an. Ein gleicher Bogen befindet sich im Chor und hinter diesem ein zweiter in umgekehrter Richtung (13). Sie bilden mit dem zwischen ihnen liegenden flachen Gewölbe einen Baldachin für den Hochaltar. Der schmale Raum dahinter ist in gleicher Höhe mit einem ebenso flachen Gewölbe versehen.

Die kleinen weißen Kreise in den Wandpfeilern deuten wohl Wendeltreppen an (G 10), die zu den

13 Inneres nach Osten

vier kleinen Emporen der mittleren Rotunde und zur Sakristei über dem Hochaltar führen. Als Dekor sind beiderseits der Fenster über dem Gesims sitzende Figuren wiedergegeben.

Die Fassade ist zweigeschossig, schwingt an ihren Seitenteilen konkav nach innen und in ihrer Mitte konvex nach außen. Dem Erdgeschoß sind acht ionische und dem Obergeschoß sechs korinthische Säulen vorgeblendet. Das über einer Freitreppe liegende Portal wie das darüberliegende Fenster werden von Figurennischen flankiert. Steile Voluten schließen an den Seiten des Obergeschosses und des mittleren Aufsatzes an. Im Schnitt ist die Fassade nur als kahle Mauer wiedergegeben. Guarinis ausgeführter Längsbau, die Kirche *Immaculata Concezione* in Turin, hat ebenfalls drei erhöhte Gewölbe und ein niedrigeres über dem Chor, doch ist das kleinere mittlere Gewölbe umgekehrt wie in Prag den flankierenden Kuppeln untergeordnet. Die nach Guarinis Entwurf, aber erst nach seinem Tod ausgeführte Kirche *S. Maria di Araceli* in Vicenza erhielt eine im Grundriß gerade, im Aufriß aber fast gleiche Fassade wie die des Prager Entwurfs.

Der Prager Entwurf hat die Kirchenbauten Böhmens, Schlesiens und Frankens in der ersten Hälfte des 18. Jahrhunderts stark beeinflußt. Die gekrümm-

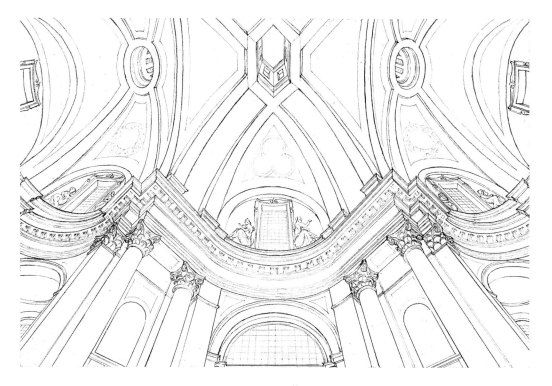

14 Gewölbe

15 Inneres nach Südwesten

ten Bogen wurden von Lucas von Hildebrandt, Johann, Christoph und Kilian Ignaz Dientzenhofer sowie Balthasar Neumann übernommen, aber nun auch zur Überspannung der Mittelschiffe verwendet, also nicht wie bei Guarini nur an deren Rand. Oft gehen die Bogen von schräg stehenden Pfeilern aus, doch finden sich solche in Schlesien ohne gekrümmte Gurte. Die doppelte Einengung des Raumes findet sich auch in Santinis Kirche in Rajhrad (Raigern). Die Fassade wird z.B. Vorbild für die *St. Nikolauskirche* auf der Prager Kleinseite von Christoph Dientzenhofer. Lisenenartige Gewölbebänder gehören zu den Vorlieben Giovanni Santinis, der auch – wie Guarini – gerne stereometrische Raumkörper betont deutlich miteinander kombiniert. Herausgehobene Zentren in Längsbauten sind typische Merkmale der Kirchen Kilian Ignaz Dientzenhofers. – Auch für diesen Bau sind von PASSANTI ein Grundriß des Daches, drei Detailgrundrisse und vier Schnitte wiedergegeben, doch fehlen im Schnitt durch die Mittelkuppel die Bogenkrümmungen über den oberen Fenstern.

Turin

San Filippo Neri

Turin, San Filippo Neri

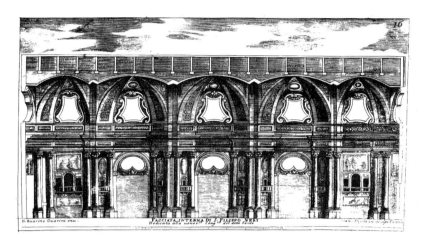

G 16 Längsschnitt

G 17 Aufriß der Fassade

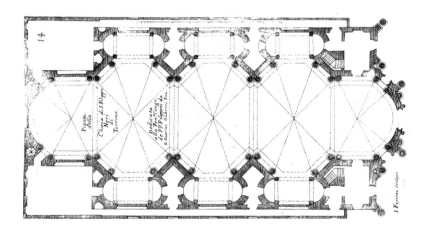

G 18 Grundriß

Der Entwurf ist mit einem Grundriß, Längsschnitt und Fassadenriß überliefert (G 16, G 17, G 18). Er scheint in den Jahren um 1670 entstanden zu sein, doch ist der Bau nach den Plänen eines anderen Architekten gebaut worden. Der reine, rund 72 Meter lange Längsbau besteht aus drei gleichen, in die Breite gedehnten Oktogonen mit anschließenden Seitenkapellen. An der Vorder- und Rückseite schließt ein weiterer Raumabschnitt auf eingezogenem Grundriß, aber mit gleicher Gewölbehöhe an. Die drei mittleren Joche berühren sich an Wandpfeilern, die im Winkel von 45 Grad zur Mittelachse gedreht sind. Das gibt dem Raum in der Einschnürung nicht nur steilere Proportionen als in ihrer mittleren Querachse, sondern trennt die Raumabschnitte und führt sie ineinander über (24). In ihrer Fensterachse erreichen die drei Joche außergewöhnliche Breite (21). Die Rundungen der Wand

19 Fassade

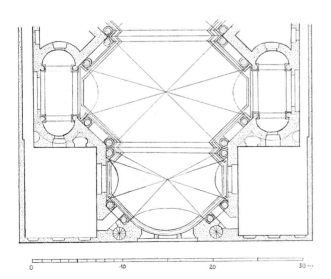

20 Berichtigter Grundriß der beiden östlichen Joche

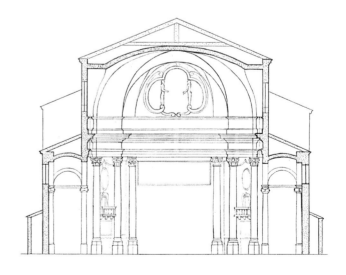

21 Querschnitt

22 Inneres nach Süden

23 Inneres nach Südwesten

24 Inneres nach Westen

sind auf die Eingangsseite und den Chorabschluß sowie die Schmalseiten der Seitenkapellen beschränkt. Der Raum wirkt dadurch wie kein anderer von Guarini statisch, feierlich und streng. Die sich wiederholenden gleichen Elemente ergeben einen einheitlichen Rhythmus und der Raum besitzt im Gegensatz zu den meisten anderen Bauten Guarinis fast keine neuen, unerwarteten Raumelemente. Den diagonalen Seiten der fünf Joche sind Säulenpaare vorgelagert, wodurch zwischen jedem Joch Einkerbungen entstehen, die sich konsequent in den Gewölben fortsetzen (G 16, 22). Im vorderen und hinteren Raum befinden sich dreiteilige Emporen über flankierenden Nebenräumen, desgleichen kleine Balkone und Reliefs wie bei den größeren Balkonen. Die schmalen Kapellen schließen an ihren Seiten mit Konchen, an deren Rändern Säulen stehen. Sie sind mit einer Kalotte und Halbkuppeln gewölbt. Die großen achtteiligen Gewölbe bestehen aus sich abwechselnden Kappen und Wangen. Auch die Gewölbe über Chor und Eingangsteil bestehen aus denselben Elementen.

Die drei verschiedenen Fensterformen – dreiteilige, nierenförmige und solche aus sechs einschwingenden Bogen – haben gerundete Ränder. Die dreiteiligen Fenster werden im 18. Jahrhundert von Dominikus Zimmermann weiterentwickelt. Nicht eindeutig festgelegt sind in Guarinis Plänen die Übergänge zwischen den schrägen Pfeilerwänden und den Seitenkapellen. Grundrißdetails sind nur angedeutet, oder Grundriß und Schnitt widersprechen sich, z.B. an den Übergängen zu den an sie anschließenden Raumteilen (G 16, G 18). Auch ist die Fassade im Schnitt nur als kahle Mauer eingezeichnet (G 16). Die Fassade ist wieder wie üblich bei Guarini zweigeschossig, biegt sich aber nur in ihrer Mitte stark nach vorne. Ihre daran anschließenden Wandflächen sind im Winkel von 135 Grad abgeknickt. Das schmalere Obergeschoß ist seitlich und über ihrem Gesims von Voluten begrenzt. Acht Säulen im Erdgeschoß und zwölf kleinere im Obergeschoß, Balustraden sowie zahlreiche Statuen und Reliefs bereichern die von fünf Portalen durchbrochene Schauseite. Vielleicht hat der Entwurf auf schlesische Barockkirchen eingewirkt, die vielfach ohne Querschiff sind und übereck stehende Wandpfeiler aufweisen. Es wäre nicht verwunderlich, wenn auf denselben Entwurf auch die schrägstehenden Pfeiler mit ihrer Kerbe und die ebenso schräg abgewinkelten Doppelgurte der Kathedrale in Cadiz zurückzuführen wären. Der Aufsatz PASSANTIS enthält von der Kirche Guarinis einen Dachgrundriß, zwei Teilgrundrisse und einen Fassadenschnitt durch das Seitenportal.

Casale Monferrato

San Filippo Neri

Casale Monferrato, San Filippo Neri

G 25 Querschnitt durch Vierung und Querschiff, halber Querschnitt durch die rechte Diagonalkapelle (rechts oben), Aufriß der halben Vierungskuppel (links oben) und halber Grundriß

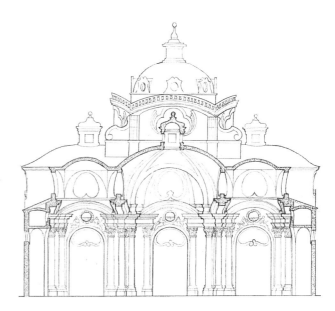

26 Querschnitt durch die seitlichen Diagonalkapellen und das westliche Mittelschiffjoch

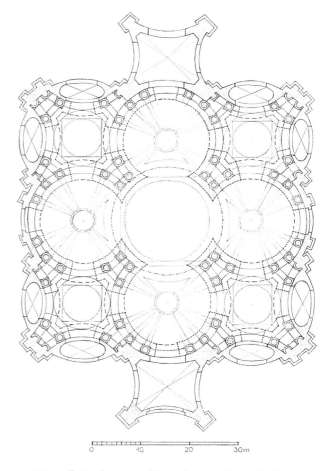

27 Vervollständigter und berichtigter Grundriß

Der nicht ausgeführte Entwurf für den 40 km östlich von Turin liegenden Ort entstand um 1667. Das Entwurfsblatt (G 25) zeigt einen halben Grundriß, einen Querschnitt, einen Detailschnitt durch den hinteren rechten Nebenraum und einen Aufriß der halben Vierungskuppel. Auf eine Wiedergabe von Eingängen wird ebenso verzichtet wie auf das Äußere, vergleichbar dem Entwurf des ovalen Pavillons für das Schloß Raconigi.

Dem Zentralbau sind an seiner Vorder- und vermutlich auch an seiner Rückseite ein niedriger Raum angefügt. Wie beim Entwurf für die Kirche *S. Gaetano* in Vicenza (G 33, G 34) wird der Bau von seiner Vierung beherrscht, der sich vier kuppelgewölbte Kreuzarme anschließen und in dessen Diagonalen niedrigere Nebenräume liegen. Der Bau ist jedoch niedriger, breiter gelagert als der in Vicenza, was für Guarinische Zentralbauten ungewöhnlich ist.

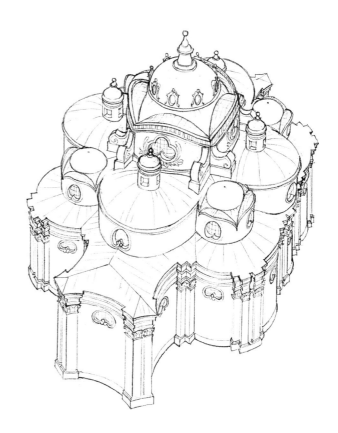

28 Vogelschauansicht

29 Inneres vom Eingang her

Casale Monferrato

30 Blick in die Mittelkuppel

31 Blick vom Rand der Vierung

Casale Monferrato

32 Blick durch Diagonalkapellen und Mittelschiff oder Querschiff

Auch hier sind alle Mauern gerundet, wodurch eine außergewöhnliche Dynamik erreicht wird. An Stelle der Vierungspfeiler treten hier je vier Säulen, die einen Durchblick in den ganzen Innenraum ermöglichen. Jeder Kreuzarm weist an seinen Rändern zehn Säulen auf. Sie setzen sich in Lisenenbändern der Laternenkuppeln fort. Zur Außenwand und den Diagonalräumen überspannen Segmentbogen das waagrechte Gesims. Von den drei herzförmigen Fenstern über den Bogen liegt eines an der Außenwand, die anderen zwei öffnen sich zu den Eckräumen (26, 31, 32). In den vier Eckräumen sind an den Außenseiten je zwei niedrige ovale Kapellen hinter flankierenden Säulen angefügt. Über ihnen liegende kreisförmige Öffnungen deuten Scheinemporen an. Die Grundrisse der Säulengesimse und Segmentbogen der Nebenräume sind nach innen gebogen, so daß sich der Raum nahtlos an die Kreuzarme anschmiegt. Der Wald von 56 Säulen und 16 Halbsäulen, der sich um die neun Raumeinheiten verteilt, ist in dieser Fülle unübertroffen.

Über dem Säulenpaar der Vierung und den angeschnittenen Kuppeln steigt die trommelförmige Wand senkrecht auf. Die Vierungsbogen sind in ihrem Scheitel spitzwinklig zur Kuppelrundung abgewinkelt (G 25). Über dem Gesimsring setzt sich die Tambourtrommel in den vier Fensterwänden mit Dreipaßfenstern fort. Zwischen ihnen vermitteln Stichkappen und Pendentifs zu der Kuppel, deren Durchmesser fast sechs Meter enger ist als der untere Gesimsring. Acht Oculi schneiden in die Kuppel ein.

Ist in Guarinis Entwurf für die Kirche *S. Gaetano* in Vicenza die Kuppel gegenüber dem Gesimsring erweitert (G 33, 46), so ist sie hier eingeengt (G 25, 30). Die Anräume sind auf gleiche Weise gewölbt, nur die abschließende flache Kalotte ist fensterlos. Die niedrigen Anbauten der Vorder- und Rückseite weisen konkave, nach innen gebogene, hier säulenlose Raumgrenzen auf. In ihren Gewölben wechseln schmale Wangen mit breiten Kappen. Die Art der Befensterung muß offen bleiben.

Auch der Guarinische Grundriß (G 25) dieses Baus zeigt Ungenauigkeiten, hier bei der Wiedergabe der beiden Gewölbe in den Diagonalräumen, deren Tambourwände sich zur Fassade hin nicht mit den entgegengesetzt gekrümmten Segmentbogen der ovalen Kapellen in der Mittelachse berühren.

Dekorativ ausgeschmückt sind die Bogen über den ovalen Außenkapellen mit Figurenpaaren und die Sockel der Dreipaßfenster mit Füllhörnern.

Aus dem Grundriß läßt sich schließen, daß die Außenmauer mit Pilastern oder Lisenen versehen ist. Dem halben Kuppelaufriß ist zu entnehmen, daß die Kuppel über den Vierungssäulen durch rechtwinklig zueinander stehende Volutenpaare abgestützt ist. Darüber befindet sich ein an- und abfallender Kolonnadenring. Der Kuppelscheitel schließlich ist mit einem blinden Laternenaufsatz gekrönt.

Auch von dieser Kirche enthält der Beitrag Passantis einen Dachgrundriß, einen Aufriß und die Skizze eines halbierten Diagonalquerschnitts. Es ist erstaunlich, daß bei so wenigen Vorgaben dennoch ein Aufriß erfaßbar ist.

Vicenza

San Gaetano

Vicenza, San Gaetano

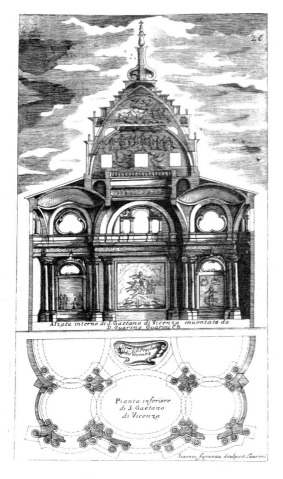

G 33 Querschnitt durch Vierung und Querschiff sowie halber Grundriß

G 34 Aufriß der Fassade und halber Grundriß des Obergeschosses und der Kuppeltamboure

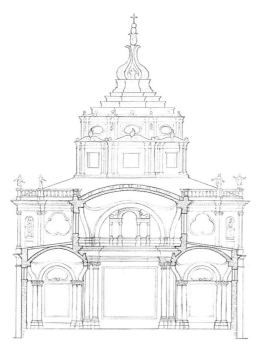

35 Schnitt durch das Mittelschiff und die vorderen Diagonalräume

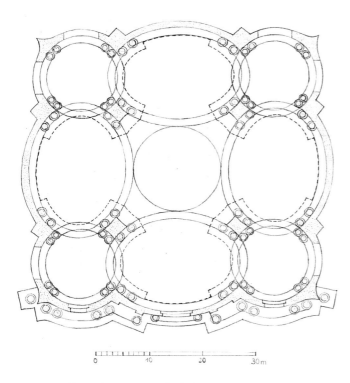

36 Vervollständigter Grundriß des Erdgeschosses

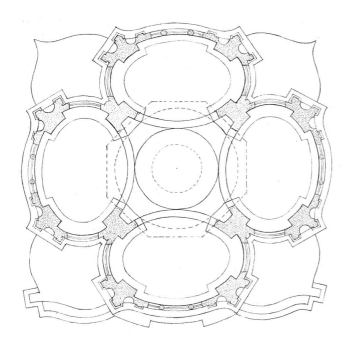

37 Vervollständigter Grundriß des Obergeschosses mit den Ansätzen der Kuppeltamboure (gestrichelt)

Beide Grundrisse mit veränderter Hauptgesimslinie der Vierungspfeiler; Rückseite wie die Seitenfronten

Die Entstehungszeit des Entwurfs fällt in die siebziger Jahre des 17. Jahrhunderts. Der Bau wurde nie ausgeführt. Das eine Blatt zeigt einen Querschnitt und einen halbierten Grundriß des Erdgeschosses (G 33); auf dem zweiten Blatt befindet sich ein Fassadenriß mit einem halben Grundriß des Obergeschosses, in dem auch der Tambour, der Kuppelansatz und die Stufen mit der Volutenspitze über der Kuppel eingezeichnet sind (G 34).

Der Zentralbau ist um seine erhöhte Vierung von vier querovalen Kreuzarmen umgeben, zwischen denen niedrige kreisförmige Nebenräume liegen. Die reliefierte Innenwand verläuft überall gebogen ebenso wie alle im Grundriß gekrümmten Gurtbogen. Da die vier mittleren Gurte konkav zur Vierung hin ausgebuchtet sind, ist die Öffnung zur Vierungskuppel kleiner als die vier sie umschließenden ovalen Kalotten. Allerdings sind die beiden Kuppeln über dem Gesimsring wieder ausgeweitet (G 33). Umgekehrt verfährt Guarini in seinem Entwurf zur Kirche *S. Filippo Neri* in Casale Monferrato. Dort ist die Vierung weit, aber die Kuppel eingeengt (G 25).

Die reduzierte Pfeilerwiedergabe bei Guarini machte eine Ergänzung notwendig, ohne die eine Ansicht nicht hätte gezeichnet werden können (38–42). Bei Guarini ist der obere Gesimsrand der Vierungspfeiler so abgeknickt, daß der Rand an den Seiten parallel zur Längs- und Querachse der Kirche verläuft (G 33). Nur die Abbildungen 48–55 zeigen Risse und Ansichten, die danach ausgerichtet sind. Das zwingt die Sockel der Säulenpaare, zur Vierung hin (50–55) so zu knicken, daß sie eine Kante mehr enthalten als die der anderen Ansichten und Risse (40, 47). Die Kapitelle sind deshalb mit fünf Volutenpaaren wiedergegeben (49, 54, 55). Von der Konzeption Guarinis her erscheint es mir konsequenter, Sockel, Vierungsgesimse und Gurtbogen rechtwinklig zu den Ovalen abzuknicken (36, 37, 39–42, 44–47), allerdings auf Kosten der Parallelen zur Längs- und Querachse. Es entfällt dadurch die zusätzliche Knickung der Sockel. Ich halte diese Fassung für angemessener. PALLADIO schreibt, daß „aus der Übereinstimmung des Ganzen mit den Teilen" der Bau schön erscheint und daß „jedes Glied vom Standpunkt des ganzen Körpers notwendig ist". Daraus ergibt sich für den Bau Guarinis, daß mit den Schiffen parallel verlaufende Gesimse wie nicht zugehörende Fremdkörper erscheinen, während die

Vicenza 39

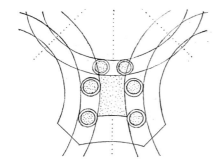

38 Grundriß des Vierungspfeilers in der bei Guarini reduzierten Form aus G 33; mit unverändertem Hauptgesims

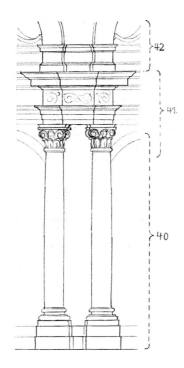

39 Aufriß des Vierungspfeilers, von der Vierungsmitte gesehen; mit veränderten Gesims- und Sockellinien

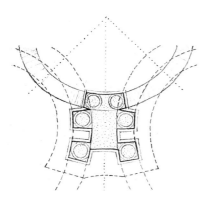 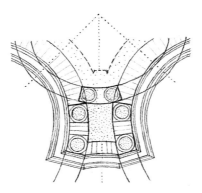 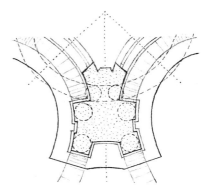

40 Ergänzter Grundriß des Vierungspfeilers in Höhe von Sockel und Säulenschaft; Bogen der Diagonalkapelle gestreift

41 Ergänzter Grundriß des Vierungspfeilers in Höhe der Säulenschäfte und Gesimse; unterer Rand des Gesimses gestreift

42 Ergänzter Grundriß des Vierungspfeilers über dem Hauptgesims; Fenster und Vierungsbogen gestreift

40-42 Alle drei Grundrisse mit geändertem Hauptgesims und daraus abgeleiteten Änderungen an den unteren Gesimsen und Sockeln

43 Fassadenansicht

44 Inneres vom Vierungsrand aus gesehen; mit geänderten Gesimsen und Sockeln der Vierungspfeiler

45 Blick durch die nördlichen Diagonalkapellen und das Querschiff; mit geänderten Gesimsen und Sockeln der Vierungspfeiler

alternativen sich aus den Raumformen selbst ergeben.

An den Außenseiten der vier Schiffe ist das Gesims unter den Fenstern zwischen den Säulengesimsen zurückversetzt (37), was der Stich aber nur rechts richtig wiedergibt; links und vorne verlaufen sie fehlerhaft (G 33).

Das Gesims, das oberhalb der Säulen den ganzen Raum durchzieht, liegt auch über den Zugängen zu den diagonalen Anräumen. Da diese Nebenräume einen kreisförmigen Grundriß aufweisen, sind ihre beiden gekrümmten Bogen unter den Gesimsen der Kreuzarme in umgekehrter Richtung gebogen. Im Scheitel greifen sie sogar in die Ovalräume ein (35, 36, 44).

Die Fenster sind rechteckig, oval, nierenförmig, als Dreipaß und als Palladiomotiv ausgebildet.

Zwischen den vier einschwingenden Vierungsbogen leiten Pendentifs zu einem hohen Gesimsring, der mit einer Balustrade abschließt, sich also nicht wie üblich in einem Tambour oder einer Kuppel fortsetzt (G 33). Es ist ungewöhnlich, daß der gemeinsame Sockel für Tambour und Kuppel um rund vier Meter nach außen versetzt ist und sich über die vier umgebenden Kuppeln erstreckt. Über dem Sockel trennt sich die achteckige Außenmauer von der neben ihr aufsteigenden Kuppel. Wenig höher trennen sich auch die halbkugelige, im Zentrum weit offene Innenkuppel von der steil gestreckten äußeren Kuppel. Die Fenster beider Kuppeln sind von unten nicht zu sehen, geben also nur indirektes Licht. Der so entstehende Lichtschein um die unteren Ränder der Kuppeln gibt ihnen den Eindruck schwerelosen Schwebens. Sie sollten mit Figuren in

46 Blick in das Vierungsgewölbe; mit geänderten Hauptgesimsen der Vierungspfeiler

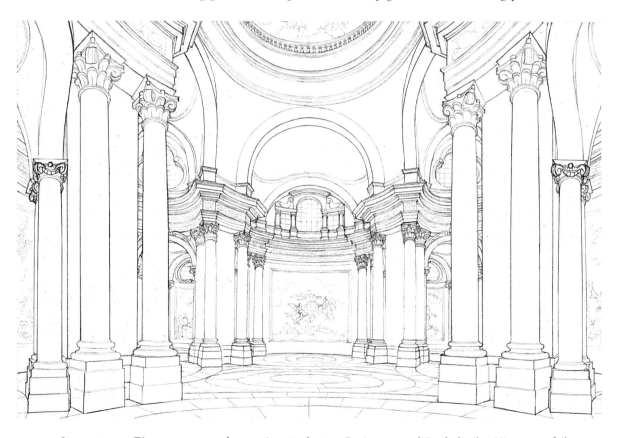

47 Inneres vom Eingang aus gesehen; mit geänderten Gesimsen und Sockeln der Vierungspfeiler

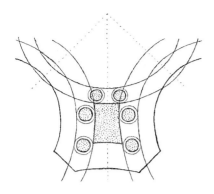

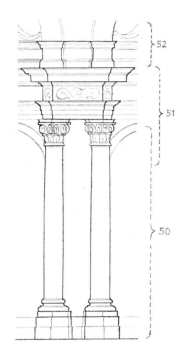

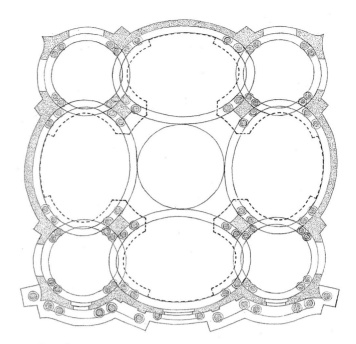

rechts oben
53 Vervollständigter Grundriß des Erdgeschosses; mit unveränderten Hauptgesimsen der Vierungspfeiler

links oben
48 Grundriß des Vierungspfeilers in der bei Guarini reduzierten Form aus G 33; mit unverändertem Hauptgesims

links
49 Aufriß des Vierungspfeilers, von der Vierungsmitte gesehen; mit unverändertem Hauptgesims

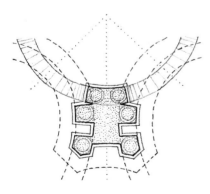

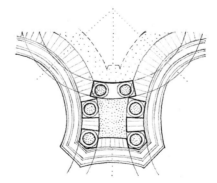

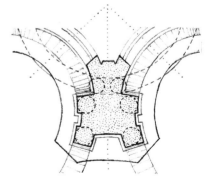

50 Ergänzter Grundriß des Vierungspfeilers in Höhe von Sockel und Säulenschaft; Bogen der Diagonalkapelle gestreift

51 Ergänzter Grundriß des Vierungspfeilers in Höhe der Säulenschäfte und Gesimse; unterer Rand des Gesimses gestreift

52 Ergänzter Grundriß des Vierungspfeilers über dem Hauptgesims; Fenster und Vierungsbogen gestreift; Bogenansatz wie 42

50–52 Alle drei Grundrisse mit unveränderter Guarinischer Hauptgesimslinie und daraus abgeleiteten unteren Gesimsen und Sockeln

Vicenza

54 Blick in das Vierungsgewölbe; mit unveränderten Hauptgesimsen der Vierungspfeiler

55 Inneres vom Eingang her gesehen; mit unveränderten Hauptgesimsen der Vierungspfeiler

Wolken bemalt sein. Hier liegt die Grenze linearer Zeichnung, die ohne Schraffur keine Helldunkel-Abstufungen und daher auch nicht das Schweben wiedergeben kann. Vermutlich waren auch die Gewölbe der Kreuzarme für Deckengemälde vorgesehen, auch wenn sie in Guarinis Stich nicht wiedergegeben sind. Um in der Kuppelansicht nicht zu große leere Flächen entstehen zu lassen, sind auch hier Figurendarstellungen angedeutet (46). Dem Außenbau ist eine Fassade mit drei von Säulen flankierten Portalen vorgeblendet. Im Obergeschoß bereichern eine Balustrade und zahlreiche Figuren die Schauseite. Wie oft bei Guarini ist von außen keine Kuppel zu sehen. Während der Kuppel unten ein achteckiger Tambour vorgelagert ist, ist der verjüngte obere Tambour kreisförmig. Beide weisen Pilaster auf und über ihren Gesimsen Volutenpaare. Darüber erheben sich sechs einwärts gebogene Stufen, die in einem Aufsatz aus vier Voluten mit Kelch und Kreuz enden; der Aufsatz ist im Schnitt gegenüber dem Riß um 45 Grad gedreht.

Die Vierung mit ihren vier einwärts schwingenden Gurtbogen hat Vierungen und Zentren einzelner Kirchen in Österreich, Bayern und Böhmen beeinflußt; sie finden sich vor allem in Bauten Kilian Ignaz Dientzenhofers. Ähnlich übereinanderstehende Kuppeln weist die *Frauenkirche* in Dresden von George Bähr auf; allerdings treten noch eine innere und eine mit ihr verbundene größere äußere Laterne hinzu. PASSANTIS Beitrag enthält einen Querschnitt durch die Diagonale, je einen Grundriß durch den unteren Kuppeltambour und die Dächer sowie einen oberhalb der Gesimse.

Nizza

San Gaetano

Nizza, San Gaetano

G 56 Aufriß der Fassade und vordere Hälfte des Grundrisses

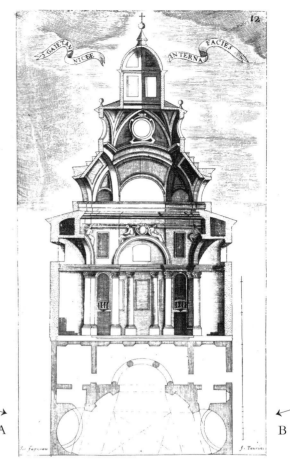

G 57 Querschnitt und hintere Hälfte des Grundrisses; die Schnittrichtungen durch die beiden Querschnitthälften (oben) verlaufen durch die Mittelachsen der beiden seitlichen Konchen bis zur Kuppelmitte (A und B, unten)

links
58 Vervollständigter Grundriß, Treppen punktiert

unten
59 Konchengewölbe, Grund-, Auf- und Seitenriß

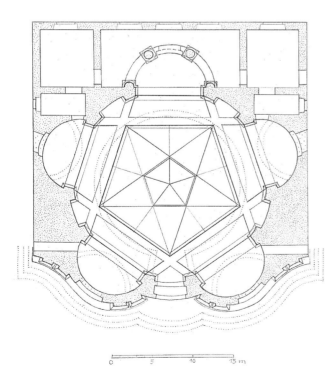

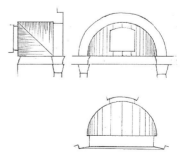

48   Nizza

60 Fassade

Die im 18. Jahrhundert errichtete Kirche ist nicht nach dem Entwurf Guarinis, sondern nach Plänen Bernardo Antonio Vittones erbaut worden. Guarinis Entwurf ist in zwei Stichen überliefert; einer zeigt einen Querschnitt und einen halben Grundriß (G 56), der andere gibt die Fassade und die andere Hälfte des Grundrisses wieder (G 57). Der Schnitt verläuft bis zur Kuppelmitte durch die Mittelachse der den Chor flankierenden Konchen (A und B).
Es handelt sich um einen fünfteiligen Zentralbau. Fünfteilige Kirchen sind selten. Ein sehr viel bescheidenerer Bau vom Anfang des 18. Jahrhunderts mit fünf Konchen hat sich in der *Deutschen Friedrichstadtkirche* auf dem Gendarmenmarkt in Berlin erhalten. Anspruchsvoller ist Santinis in Žd'ár stehende Wallfahrtskapelle *Johann von Nepomuk* in Böhmen. – Fünf schmale Teilstücke des Mauermantels mit Scheinemporen wechseln mit fünf breiteren Konchen, deren östliche statt einer gebogenen Mauer zwei Säulen unter dem Gesims aufzuweisen hat.

61 Inneres vom Eingang her

Hinter dieser Apsis befinden sich niedrige Nebenräume. Außergewöhnlich sind die Konchengewölbe: Zwei um 90 Grad gedrehte Tonnengewölbe schneiden sich an einer Diagonalen. Je zwei Figuren über den Konchenbogen leiten zu einem breiten Gesims über (58, 59, 61, 62).

Das Gewölbe darüber steigert sich in drei Stufen zu turmartiger Höhe, was auf eine späte Entstehung des Entwurfs hindeutet. Dasselbe gilt für den Entwurf von Oropa (G 82) und die beiden ausgeführten Turiner Bauten *S. Lorenzo* und *SS. Sindone*. Fünf sich kreuzende Rippen sind die wichtigsten Elemente der unteren Kuppel. Das darüberliegende Gewölbe besteht aus fünf Stichkappen an fünf Schildwänden und zwischen ihnen dreieckige Tonnensegmente. Die dritte Stufe, die Laterne, ist um

62 Blick in die Gewölbe

36 Grad gedreht, ein überraschender Richtungswechsel gegenüber dem darunter liegenden Bereich. Abgeschlossen wird sie durch fünf Wangen. Die Belichtung erstreckt sich auf alle vier Wölbungsbereiche. Der Boden des Zentrums ist ringförmig in zwei Stufen vertieft (58).

Dem hohen Eingangsbereich bis zum breiten Gesims ist eine gebogene Wand mit vier Doppelpilasterpaaren vorgeblendet. Die zehneckige Wand darüber gehört zum unteren Kuppelbereich und die über drei Stufen sich erhebende fünfeckige Wand verbirgt die mittlere Kuppel. Erst die um eine halbe Fensterachse gedrehte Laterne mit welscher Haube schließt den Bau ab.

Der Aufsatz PASSANTIS enthält einen Grundriß mit Bodenstufen.

Messina

Padri Somaschi

G 63 Aufriß der Fassade und halber Grundriß des unteren und oberen Tambours

G 64 Querschnitt und halber Grundriß des Erdgeschosses und Rippengewölbes

Der 1660 entstandene Plan ist Guarinis frühester uns erhaltener Zentralbauentwurf und entstand sicher im Zusammenhang mit seinem Aufenthalt in Messina. Die beiden Pläne zeigen einen Aufriß, Schnitt und drei halbierte Grundrisse des Erdgeschosses und der beiden Tamboure (G 63, G 64). Die Pläne sind nie verwirklicht worden. Der Bau ist als Hexagon, also sechsteilig, konzipiert. Später nutzt Guarini die Form auch für seine Turiner Kirche *La Consolata* (G 100).

Borrominis Kirche *S. Ivo* in Rom ist ebenfalls sechsteilig, doch sind ihre Nischen abwechselnd halbrund und eckig ausgebildet. Es sind also nicht alle Sechseckseiten gleich geformt. Zu den wenigen Sechseckkirchen gehören *S. Maria del Quartieri* in Parma und *S. Chiara* in Alcano, die einen Sechspaßgrundriß aufweist.

Die Guarinischen Segmentbogen und Balustraden der Scheinemporen unter den Halbkreisbogen des Umgangs (G 64) könnten Anregungen für Wren ge-

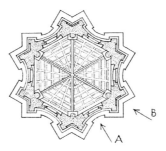

65 Vervollständigter Grundriß des unteren Tambours und Gewölbes

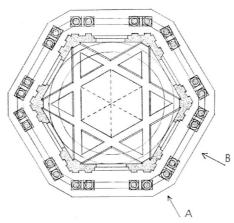

66 Vervollständigter und berichtigter Grundriß des unteren Tambours und Gewölbes

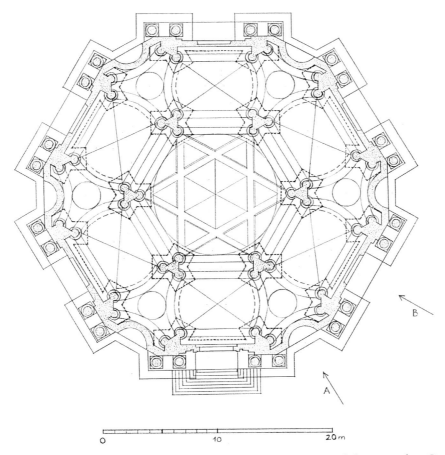

67 Vervollständigter und berichtigter Grundriß des Erdgeschosses und der zentralen Gewölbe

Messina 55

A

68 Tatsächlicher Querschnitt A, im rechten Winkel zur Längsachse durch das Portal; darunter: zugehöriger halber Grundriß

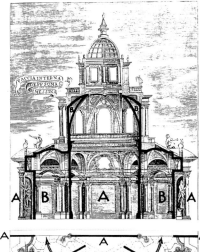

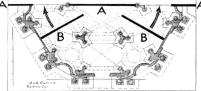

69 Ergänzter Querschnitt und halber Grundriß (G 64): Mit A und B sind diejenigen Teile bezeichnet, die entweder wie in Schnitt A (68) oder B (70) wiedergegeben sind

71 Alternative Zentrumsarkade wie in G 64

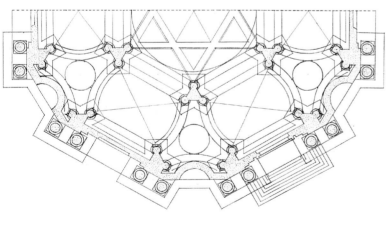

70 Tatsächlicher Querschnitt B, um 30 Grad zu A gedreht; darunter: zugehöriger halber Grundriß

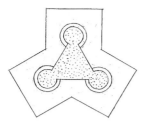

72 Reduzierter Pfeilergrundriß Guarinis aus G 64

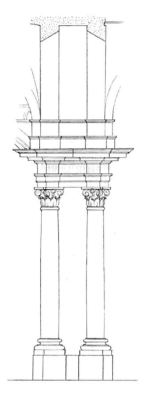

73 Pfeileraufriß, vom Zentrum her gesehen

wesen sein: In den Diagonalen seiner Vierung in der Londoner *St. Paul's Kathedrale* liegen die drei Elemente ebenfalls übereinander, allerdings auf geradem Grundriß. Die beiden Architekten sind sich 1662 in Paris begegnet.

Um das Sechseckzentrum mit seinen beiden übereinanderliegenden Gewölben liegt ein Umgang. Hinter jeder Arkade schließt ein Kreuzgewölbe an, das seitlich durch konvex gekrümmte Gurte begrenzt ist. Zwischen drei solcher Bogen hinter jedem Pfeiler befinden sich kleine Kuppeln über Pendentifs. Unter den drei Bogen spannen sich, vom Gesims aufsteigend, Segmentbogen mit Balustraden, die mit einem durchbrochenen Gewölbe eine Scheinempore vortäuschen. Der Umgang ist also hinter den sechs Pfeilern niedriger. Die dünnen Pfeiler bestehen aus einem dreieckigen Kern, mit dem sich Dreiviertelsäulen verbinden. Ihre schlanke Form macht den Raum überschaubar.

Die reduzierte Pfeilerform in Guarinis Grundriß machte eine Ergänzung nötig (72–76). Der Grundriß weist auch noch andere Ungenauigkeiten und Fehler auf: Die gekrümmten Bogen um die kleinen Kuppeln setzen nicht über den Säulenschäften an, sondern neben ihnen (G 64, 67). Auch fehlen die Rippenansätze des zentralen unteren Gewölbes (G 63, 66). Größere Ungenauigkeiten weist der Schnitt auf (G 64): Die zwei seitlichen Pfeiler werden nicht im Schnitt gezeigt, sondern der Schnitt der von ihnen ausgehenden Bogen, so, als wäre der Bau um 30 Grad gedreht, desgleichen der Umgang mit den Scheinemporen. Dagegen sind die beiden mittleren Pfeiler richtig wiedergegeben. Vermutlich wollte der Stecher durch die absichtliche Drehung die Scheinempore anschaulicher und verständlicher machen.

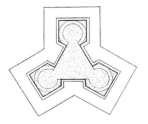

74 Ergänzter Pfeilergrundriß in Höhe von Sockel und Säulenschaft

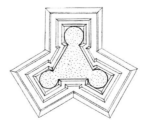

75 Ergänzter Pfeilergrundriß in Höhe der Säulenschäfte und Gesimse

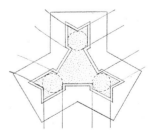

76 Ergänzter Pfeilergrundriß über dem Hauptgesims

77 Fassade

Auch das Rippengewölbe ist an den Seiten um 30 Grad gedreht: Es sind Fenster gezeigt, wo ein Mauer- und Gewölbeschnitt liegen sollte. Im oberen Tambour wird das linke Fenster nur angedeutet, das rechte fehlt (69). Deshalb werden die Guarinischen Pläne durch zwei vervollständigte Schnitte und drei Grundrisse ergänzt (68, 70).

Über den Pfeilern vermitteln Pendentifs zum hohen Kuppelgesims, über dem sechs sich kreuzende Rippen aufsteigen. Stichkappen verbinden die Rippenbänder mit der von sechs Fenstern durchbrochenen Tambourwand. Die Anregung für die Rippen kann sowohl von gotischen als auch von maurischen Gewölben ausgegangen sein. Ein ähnliches Gewölbe baute Guarini im Sanktuarium seiner Kirche *S. Lorenzo* in Turin.

78 Inneres vom Eingang her

Die Rippen lassen im Gewölbe ein großes Sechseck frei (66), über dem sich ein um 30 Grad gedrehter zweiter Tambour mit sechs Ecksäulen erhebt (65). Die unerwartete Drehung zeigt manieristische Züge. Erst über dem oberen Gesims schließt eine sechswangige Kassettenkuppel den Raum.

Das Äußere der hohen Kirche ist dreigeschossig und durch die 48 Säulen, Vor- und Rücksprünge, Voluten und achtzehn Figuren von großer Plastizität (77). Im Erdgeschoß sind den sechs breiten Seiten zwei Säulenpaare zugeordnet, die in einem gesprengten Giebel abschließen; sitzende Frauen über eigenwillig geformten Bogenfenstern betonen die Mitte. Die sechs schmalen Zwischenflächen zeigen Figurennischen. Über dem Gesimsrand sind die sechs kleinen Kuppeln des Umgangs zu sehen. Auch im ersten Obergeschoß werden die Fenster von Doppelsäulen flankiert. Im Geschoß darüber ist die Tambourwand konkav nach innen gebogen und Mauerzungen sind nach außen vorgezogen. Die Kuppel endet in einem spitzen Aufsatz.

Unter den Beiträgen, die für den Turiner Kongreß 1968 entstanden, enthält der von Franco BARSI eine Darstellung, in der Grundriß, Aufriß und Schnitt verbunden sind, allerdings mit verkehrt wiedergegebenen Pfeilergrundrissen. PASSANTIS Beitrag zeigt zwei Grundrisse in Höhe des unteren und oberen Kuppeltambours, beide mit den darunter liegenden Dächern. Eine weitere Zeichnung gibt einen Querschnitt wieder. Die Schnittrichtung stimmt mit meiner Zeichnung 70 überein. Allerdings sind am oberen Tambour in den Seitenwänden fälschlicherweise Fenster eingezeichnet, wo sich die Kanten der Tambourwand befinden.

79 Blick in die zentralen Gewölbe

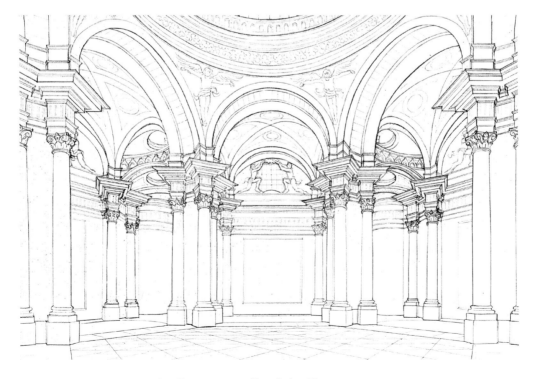

80 Inneres vom Rand des Zentrums aus

Messina

Oropa (Oruppa)
Sanktuarium Santa Maria

Oropa (Oruppa), Sanktuarium Santa Maria

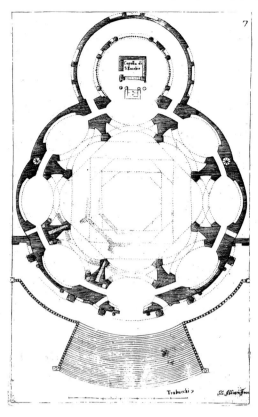

G 81 Grundriß

G 82 Halber Aufriß der Fassade (links) und halber Querschnitt (rechts)

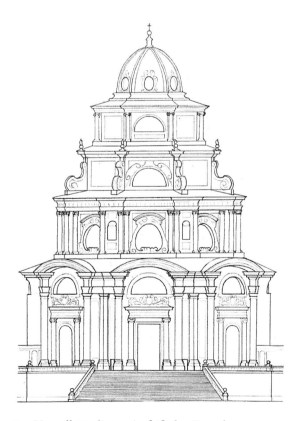

83 Vervollständigter Aufriß der Fassade

84 Vervollständigter Querschnitt

85 Fassade

Der Entwurf entstand etwa 1680 und wurde nie ausgeführt. Zwei Stiche haben sich erhalten; Ein Grundriß (G 81) und je ein halber Fassadenriß und Querschnitt (G 82). Die Kirche ist als Zentralbau angelegt von etwa 40 Metern Breite und 60 Metern Höhe. An die östliche Kapelle schließt ein niedriger Anbau mit Umgang und kreisförmigem Grundriß an. In seiner Mitte steht eine nur fünf Meter messende quadratische Kapelle mit einem viersäuligen Vorbau, die dem heiligen Eusebio geweiht ist. Möglicherweise ist sie älteren Ursprungs.

Ein Beispiel für eine allerdings sehr verschiedene Barockkirche mit mittlerem Oktogon und Umgang ist *S. Maria della Salute* in Venedig von Baldassare Longhena. Der achtseitige Hauptraum Guarinis ist nach allen Seiten gleich ausgebildet und seine Wände im Erdgeschoß überall gebogen. Die zur Mitte hin schmalen Wandpfeiler sind untereinander mit konvex gekrümmten Gurtbogen verbunden, die sich im Scheitel mit den konkaven Bogen der acht ovalen Seitenkapellen vereinen (G 81, 86, 88). Bogen gleicher Art sind im 18. Jahrhundert von Johann,

86 Inneres vom Eingang her

Christian und Kilian Ignaz Dientzenhofer und von Balthasar Neumann in Böhmen und Franken übernommen worden. Die Kapellen sind mit flachen Kalotten gedeckt. Schmale Durchgänge verbinden die Anräume. Über jedem Gurtbogen ist das Gesims konvex nach außen gebogen. Hierüber ist der Raum in vier Abstufungen nach oben erweitert. Es sind stereometrische Mittel, mit denen eine Steigerung zu jenseitiger Transzendenz angestrebt wird.
Ein Kuppelbau, in dem wie bei Guarini weniger die Kuppelrundung als die turmartige Streckung des Baues dominiert, stellt die *Frauenkirche* in Dresden dar. Dasselbe gilt für die kleine Kirche *S. Luigi* in Corteranzo von Bernardo Antonio Vittone.

Im zweiten Geschoß erheben sich über jeder Einbiegung gestreckte Bogen, deren Scheitel nach außen abfallen. Das darüberliegende Gesims weist wie in den Geschossen darüber einen achteckigen Grundriß auf. Das dritte und vierte Geschoß sind gleich geformt: Um die je vier Fenster in der Mittel- und Querachse spannen sich vier über den schrägen Seiten des Gesimses aufsteigende breite Bogen in Form von halbierten Kegelschnitten. Zwischen ihnen befinden sich Pendentifs. Vom zweiten bis vier-

87 Blick in die Gewölbe

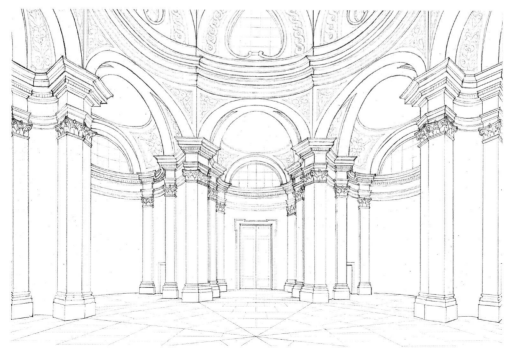

88 Inneres vom Rand des Zentrums her

Oropa

ten Geschoß verstärken diese Bogen den Höhendrang des Raumes. Erst über dem vierten Gesims erhebt sich die gestreckte, achtwangige Kuppel. In allen fünf Wölbungsbereichen liegen Fenster. Vor dem Portal sollte eine breite, gebogene Treppe mit seitlichen Terrassen liegen. Auch das Äußere spiegelt die Staffelung durch die waagrechten Gesimse der Geschosse. Nur die vorderen Dreiachtel der wulstartig vorgebauchten Wand des Erdgeschosses sind durch sechs Säulen und drei Segmentbogen hervorgehoben. Kleinere Säulen flankieren das Portal und gleichgeformte Flachnischen daneben.

Das erste Obergeschoß ist konkav gebogen. Die vortretenden Mauerzungen mit je vier Säulen dienen der Abstützung der darüber sich erhebenden Gewölbe. Wegen des Gewölbedrucks ist das untere Achteckgeschoß an den Kanten mit Voluten und das obere mit Säulen verstärkt. An den Flächen zwischen ihren Fenstern befinden sich Reliefs. Die achtseitige Kuppel weist Rippen auf. In Daria DE BERNARDO FERREROS in der Einleitung genannten Publikation ist eine – wenn auch etwas zu niedrig geratene – Außenansicht des Baus enthalten.

Paris

Sainte-Anne-la-Royale

Paris, Sainte-Anne-la-Royale

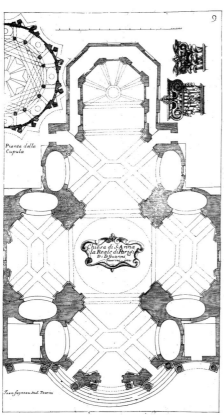

oben rechts
G 90 Querschnitt und zwei ornamentierte Gesimse

oben links
G 89 Aufriß der Fassade und zwei ornamentierte Gesimse

unten
G 91 Grundriß des Erdgeschosses, halber Grundriß des Tambours und der Gewölbe der Vierung sowie zwei Kapitelle

Drei Stiche mit einem Grundriß (G91), einem Querschnitt (G89) und einem Fassadenriß (G90) haben sich erhalten. Gesimsprofile, Kapitelle und eine Grundrißhälfte der Vierungsgewölbe sind auf freien Flächen beigefügt.

1662 begann man, die Kirche nach Guarinis Entwurf zu bauen. Der Architekt befand sich bis 1666 in Paris. Bis dahin wuchs der Bau auf etwa ein Drittel seiner Größe. Danach wurde er von einem anderen Baumeister nach geänderten Plänen kleiner zu Ende gebaut. 1714 sind Teile des Baus eingestürzt, 1810 diente er als Tanzsaal, danach als Café und wurde 1821–23 abgebrochen. Nur Mauerreste in Neubauten haben sich erhalten. Der Grundriß zeigt, daß der Bau als Verbindung von Längs- und Zentralbau konzipiert ist, doch überwiegt der Zentralbau. Der eingezogene Chor mit der Apsis setzt etwas unvermittelt am Mittelschiff an. Wie dort die Fenster aussehen sollten, ist den drei Stichen nicht zu entnehmen.

Der Kernbau besteht aus einer überhöhten Vierung und vier kurzen Schiffen mit je einem Laternengewölbe. Zwei Nebenräume schließen sich hinter den Seiten der Fassade an. Geschickt versteht es Guarini, das Querschiff unter Beibehaltung gleicher Formen wie im Mittelschiff durch kleine Veränderungen zu verkürzen: Die Doppelpilaster stehen dichter beieinander und die Öffnungen zu den Seitenkapellen sind schmaler. Alle Pfeiler stehen diagonal zur Mittelachse. In den Schiffgewölben

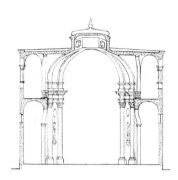

93 Querschnitt durch das Gewölbe östlich der Vierung

92 Vervollständigter Grundriß des unteren Tambours und der Rippenkuppel

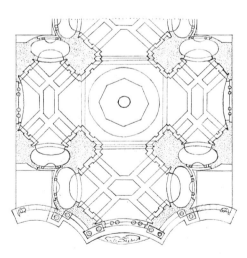

94 Obergeschoßgrundriß von der Fassade bis zur Querachse durch das Joch östlich der Vierung

95 Vervollständigter und berichtigter Grundriß des oberen Tambours und der Kuppel

96 Fassade

setzen sich die Pilaster in breiten Bändern fort, die im Scheitel Laternen wie in der Prager Kirche (G 8) umschließen, deren Schmalseiten den Gewölben entlang abwärts verlaufen. Durch die schräge Stellung der Pfeiler wirkt der Raum eingeschnürt (97). Die schrägen Pfeilerflächen stoßen aggresiv in den Raum vor, leiten aber auch zum nächsten Raumabschnitt über. Sie geben dem Raum Bewegung, aber auch eine gewisse Härte.

In jedem Kreuzarm liegen zwei doppelgeschossige ovale Seitenkapellen einander gegenüber. Der Grundriß zeigt keine zu den Emporen führende Treppen. Die Arkadenbogen biegen sich in den Raum vor. Auch die Stirnseiten der Querschiffe und der Eingangsseite biegen sich nach innen und sind mit Pilasterpaaren versehen. Ihre Fenster im Obergeschoß weisen mit ihren ohrenförmigen Seitenteilen eine ungewöhnliche Form auf. Darauf zurückgehende Varianten hat im 18. Jahrhundert Dominikus Zimmermann in Bayern entwickelt. Der Schnitt (G 89) zeigt unten in der Mitte fälschlicherweise ein Fenster, läßt aber das Portal weg. Die Gurte der Vierungspfeiler verlaufen wie halbierte Kegelstumpfschnitte.

Bei keinem anderen Bau hat Guarini die Vierung so reich gegliedert wie hier. Über den von Pendentifs getragenen Gesimsring erhebt sich ein Tambour mit gewölbtem Umgang, der von acht Säulenpaaren

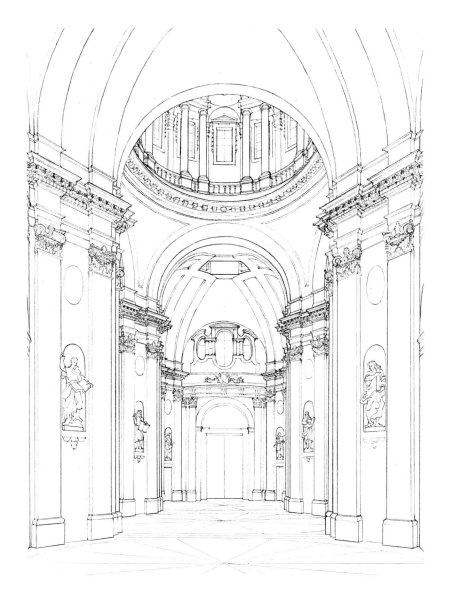

97 Mittelschiff nach Westen

und acht Arkaden gebildet ist. Hinter jeder Arkade befindet sich eine kleine ovale Laternenkuppel und zwischen ihnen Kreuzgewölbe (94). Herzförmige Nischen füllen die Flächen über den Doppelsäulen. Darüber befinden sich eine Rippen- und eine Laternenkuppel. Die untere besteht aus sechzehn sich kreuzenden breiten Rippenbändern, von denen je zwei parallel verlaufen und je zwei von einem Punkt aufsteigen. Sie können auch als stehengebliebene Reste einer Kuppel gesehen werden, ebenso wie die vertieften Kasetten zwischen ihnen (94). Die nur wenig kleinere achtwangige Kuppel über ihr steigt gestreckt auf achteckigem Grundriß auf (93). Die kleine Laterne ist ebenfalls achteckig, aber um eine Fensterachse gedreht; ihr unteres Gesims und die Kuppel sind rund. Jeder Wölbungsbereich weist Fenster auf.

Die Fassade zeigt einen zweistufigen Aufbau. Die Seitenteile sind zurückgebogen, nur die Mitte im Erdgeschoß ist vorgewölbt. Im Obergeschoß darüber schwingt sie nach innen ein. Voluten vermitteln zu dem schmaleren oberen Geschoß. Zehn Säulen unten und acht oben sowie zahlreiche Figuren in Nischen und auf der Balustrade bereichern die Schauseite (92).

Die Kuppel zeigt außen zwei Tamboure, der untere mit einem achtmal abwechselnd einschwingenden und eingekerbten Gesims auf je zwei Säulenpaaren

98 Blick in die Vierungsgewölbe

99 Inneres nach Norden oder Süden, vom Rand der Vierung her gesehen

74 Paris

vor der trommelförmigen Fensterwand, der schmalere obere ist rund. Darüber erhebt sich die achtteilige Kuppel, deren Laterne um 22,5 Grad gedreht und von einer spiralförmigen Spitze gekrönt ist (92). Im Guarinischen Grundriß (G91) ist die obere kleine Kuppel verkehrt wiedergegeben: Die Kanten ihrer Wangen sind um eine halbe Fensterachse verdreht.

Auf die französische Architektur seiner Zeit scheint Guarini keinen Einfluß gehabt zu haben, doch hatte er in Paris – wie in der Einleitung erwähnt – Kontakt mit dem englischen Architekten Christopher Wren, dessen danach entstandener Vorentwurf und das Modell der Londoner Kirche *St. Paul* in seinen Krümmungen von Guarini beeinflußt sein könnten. Auch der sogenannte Warren-Plan für *St. Paul* weist in seiner Vierung deutlich auf Guarini hin: Eine indirekt belichtete kleinere Kuppel erhebt sich über einer größeren. Wie andere Guarinische Vierungskuppeln weisen dieselbe Stellung übereinanderliegender Gewölbe auch die Vorentwürfe für die Dresdener *Frauenkirche* auf, die von George Bähr und Johann Christoph Knöffel aus den zwanziger Jahren des 18. Jahrhunderts stammen. Es sollten hölzerne achtteilige Klostergewölbe sein, die eine gestreckte Außenschale umhüllt. Die hohe Laterne darüber sollte, im Gegensatz zu Guarinis Kuppeln, keine Verbindung zur wesentlich tieferen Lage des oberen Innengewölbes aufweisen. Daß auch Vittone in Oberitalien gestufte Kuppeln gebaut hat, wurde bereits erwähnt. Schließlich könnte die aus der Mitte des 18. Jahrhunderts stammende gestufte Vierungskuppel der *Kasimirkirche* im abgelegenen litauischen Vilnius von Guarini angeregt sein.

Passanti gibt von der Pariser Kirche zwei Grundrisse wieder, einen vom unteren Tambour und den Kirchendächern und einen in Emporenhöhe. Ferner zeigt er einen Längsschnitt und einen Querschnitt durch das Gewölbe zwischen Vierung und Chor. Dieser Schnitt und der Emporengrundriß zeigen für die Emporen eine andere Form als die in meinem Schnitt (95) und Grundriß (96), in denen die ovalen Emporen wie im Erdgeschoß durch einen Gurtbogen von den Stichkappen abgesetzt sind.

Turin

La Consolata

Turin, La Consolata

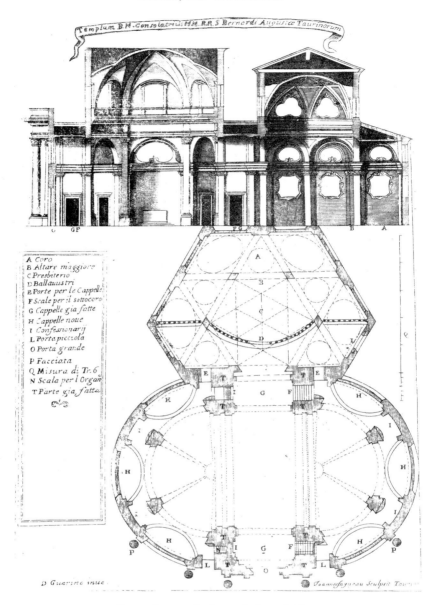

G 100 Längsschnitt und Grundriß

Die Baugeschichte der Kirche setzt 942 mit der Errichtung der romanischen Kirche *S. Andrea* ein. 1687 begann man mit einem Neubau nach den Plänen Guarinis. Der Bau fügt zwei verschiedene Räume zu einer Einheit zusammen, einen Breitraum und ein Hexagon. Verbunden sind sie durch eine schmale Verbindung in Höhe der Seitenkapellen und zwei flankierende Nebenpforten. War in der alten Kirche *S. Andrea* der Chor im Osten, so ist jetzt die Kirche nach Norden ausgerichtet. Das Hexagon *La Consolata* dient als Presbyterium, der Breitbau an Stelle der alten Kirche der Gemeinde. Zwei Jahre nach Baubeginn verließ Guarini Turin; drei Jahre später starb er. Die Bauleitung hatte Antonio Bertola, der zuvor auch an der Ausführung anderer Guarinibauten beteiligt war. Der ursprüngliche Plan scheint bereits zu Beginn abgeändert worden zu sein, vermutlich mit Zustimmung Guarinis. So sind z.B. die Pfeiler der beiden halbrunden Konchen mit Doppelpilastern versehen, während im publizieren Plan nur Einzelpilaster vorgesehen waren. In der Folgezeit werden die Pfeiler des Hexa-

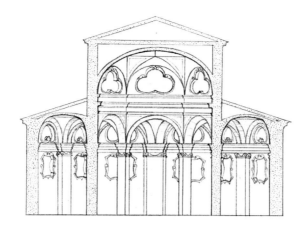

101 Querschnitt des Hexagons

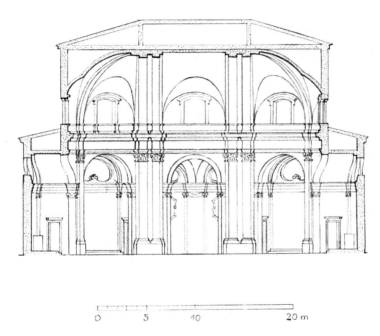

102 Querschnitt durch die Konchen des vorderen breiten Baus

gons erheblich verstärkt sowie Umgang und die Fassade im Süden verändert. 1729 wird das Hexagon durch Filippo Juvara um eine ovale Kapelle im Norden erweitert. 1899–1904 fügt Carlo Coppi dem Hexagon ringsum weitere Anbauten hinzu. Trotz erheblicher Veränderungen ist die Guarinische Grundform noch im heutigen Bau erkennbar.
Die Ansichten und Schnitte gehen auf den Stich Guarinis zurück (G 100). Obgleich es in der Zeit auch andere als Breitraum angelegte Kirchen gibt – z.B. die *Annunziata* in Parma – spricht es für Guarinis unkonventionellen Mut, den Hauptraum als Breitraum anzulegen und gegen das nur wenig kleinere Hexagon stark zu verselbständigen und fast abzuschnüren. Die beiden Gebäudeteile sind nahezu selbständige Räume und formal gegensätzlich: Der Breitbau weist beiderseits eines kurzen tonnengewölbten Mittelstücks gekrümmte Bogengurte und runde Außenmauern auf; dagegen ist das an fünf Seiten von einem Umgang umgebene Hexagon von streng sechseckigem Aufbau. Es verbindet die beiden Bauteile, so daß die unteren Gesimse den

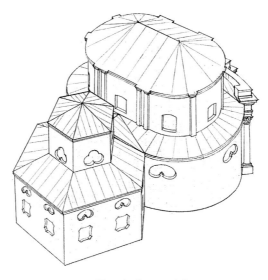

103 Vogelschauansicht

104 Blick in die eine der beiden Konchen des vorderen breiten Baus

105 Blick vom breiten Bau zum Hexagon

Raum in gleicher Höhe umziehen. Auch sind den beiden Konchen des Breitraums je drei Kapellen angegliedert, so daß auch hier – den dazwischenliegenden Teil abgerechnet – ebenfalls von Sechsteiligkeit gesprochen werden kann, wenn auch gerundet statt eckig. In den Seitenkapellen verlaufen die Seitenwände parallel zueinander, so daß kleine dreieckige Nebenräume in den Wandpfeilern zwischen den Kapellen Platz finden.

Origineller noch ist das Hexagon konzipiert. Das betrifft sowohl die erstaunlich schmalen, im Grundriß rautenförmigen Pfeiler, als auch die von ihnen ausgehenden Bogen. Zum Inneren hin sind sie höher und nach außen niedriger, bestehen also aus halbierten Kegelstumpfschnitten (A, 106–108). Die Bogen zwischen Zentrum und Außenmauern sind um 60 Grad verschoben, wie bei einem schrägen Ausschnitt aus einem Tonnengewölbe (B, C, 106–108). Die dreieckigen und rhombenförmigen Gewölbe zwischen den Bogen weisen flache Hängekuppeln auf. Das hohe mittlere Gewölbe wird von sechs flachen Wangen gebildet, die auf Pendentifs zwischen Stichkappen liegen. Der klareren Überschaubarkeit der Pfeiler wegen ist die Balustrade in den Ansichten weggelassen.

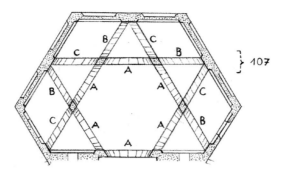

106 Hexagon mit Kennzeichnung der verschiedenen Bogen

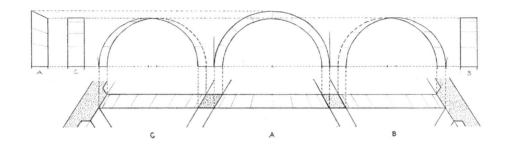

107 Aufriß, Seitenriß und Grundriß von drei verschiedenen Bogen

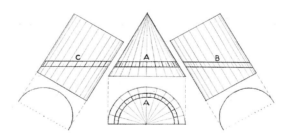

108 Grundrisse und Aufrisse von Tonnengewölben mit den Bogen B und C sowie Grundriß und Aufriß eines halbierten Kegelstumpfes mit dem Bogen A

109 Inneres des Hexagons

Französischer Palast

Französischer Palast

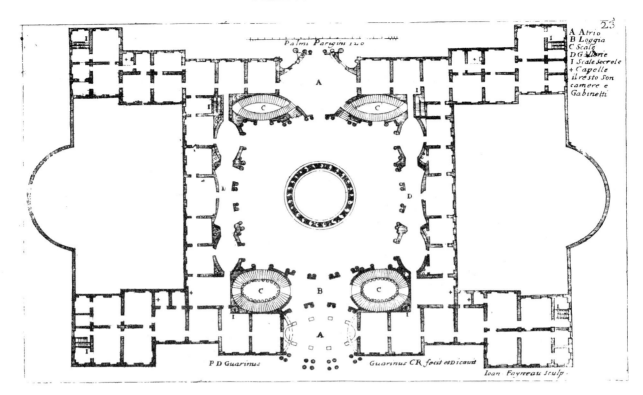

G 110 Grundriß

G 111 Aufriß und Querschnitt

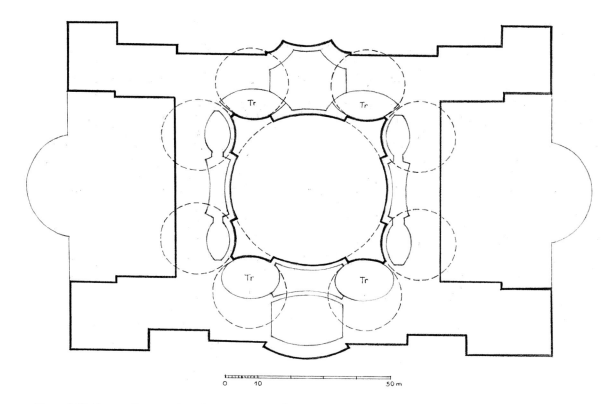

112 Grundriß; Innenräume mit gebogenen Wänden und Hofwände zu Kreisen vervollständigt (gestrichelt)

Pläne zu einem französischen Palast können im Zusammenhang mit Guarinis Aufenthalt in Paris in der Mitte der sechziger Jahre des 17. Jahrhunderts entstanden sein; wo er hätte gebaut werden sollen, weiß man nicht. Es dürfte der früheste Schloßentwurf des Architekten sein, von dem wir wissen, doch kam er nicht zur Ausführung.

Von den Plänen haben sich ein Grundriß (G 110), ein Fassadenriß und ein Querschnitt (G 111) erhalten. Der Bau sollte mit beinahe 120 mal 150 Metern eine beträchtliche Ausdehnung erhalten. Er besteht aus einer Vierflügelanlage mit einem Innenhof; an ihn sind seitlich ausgreifende Flügel angebaut. Zwischen je zwei Seitenflügel schließen Mauern mit halbkreisförmigen Ausbuchtungen je einen Hof ein. Der Bau weist einige für seine Zeit ungewöhnliche Neuerungen auf: Die Mittelrisalite der Vor- und Rückseite sind mit gerundeten, vor- und zurückgebogenen Mauern versehen, wenn auch noch nicht in gleichem Umfang wie später beim Palast *Carignano* in Turin. Ungewöhnlich bewegt sind die Wände des Innenhofs; sie sind alle konvex und konkav

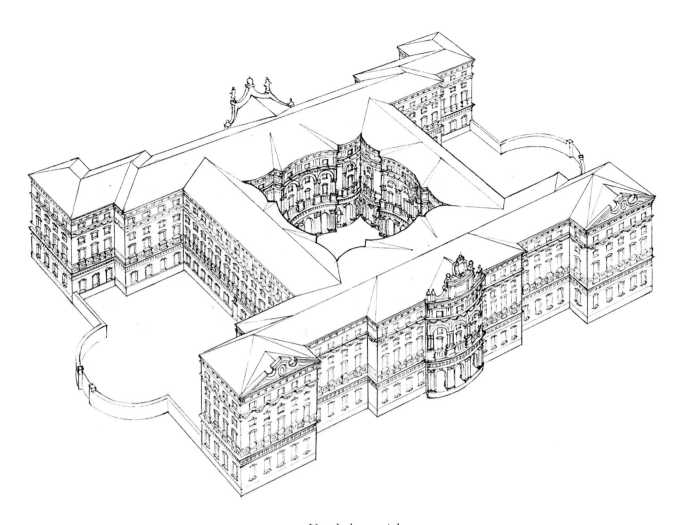

113 Vogelschauansicht

gebogen. Ihre vier dreiteiligen Mittelrisalite lassen sich zu einem Kreis ergänzen; die an sie anschließenden Seitenteile sind umgekehrt gebogen und tangieren sich in den Diagonalen des Hofs. Rings um den Hof schließen sich Treppenhäuser und weitere Räume an, deren Wände ebenfalls auf gebogenen Grundrißmauern verlaufen, desgleichen die beiden Repräsentationsräume der Mittelachse von Fassade und Rückseite.

Die Wandgliederung besteht überall aus drei Abschnitten; der mittlere umfaßt zwei Geschosse, die anderen je eines. Die Mittelrisalite der Fassaden und die Hofwände sind bereichert durch Bogen im Erd- und Hauptgeschoß, die von Säulen getragen werden. Die Giebel über den Seitenrisaliten der Fassade sind gesprengt, der Mittelgiebel vertikal in drei Abschnitte gegliedert.

114 Innenhof

Zwei Pavillons

für den Park des Palastes Raconigi

bei Turin

Zwei Pavillons für den Park des Palastes Raconigi bei Turin

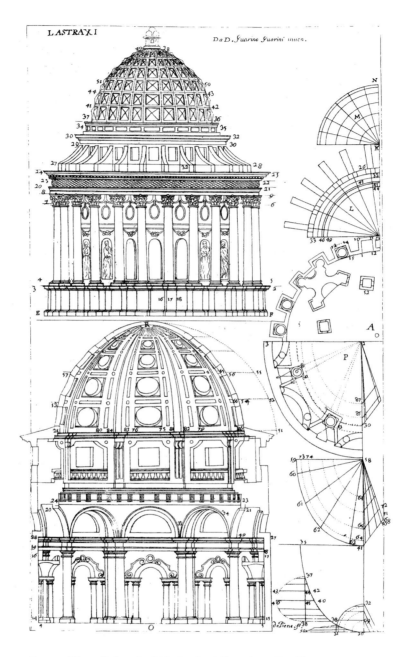

G 115 Oben links: Aufriß des kreisförmigen Pavillons, rechts daneben je ein Viertel des schematischen und reduzierten Erdgeschoßgrundrisses, des Tambours und der Kuppel.
Unten links: Längsschnitt des ovalen Pavillons; rechts daneben je ein Viertel des Erdgeschoßgrundrisses, der reduzierten Kuppel und ihres Konstruktionsschemas

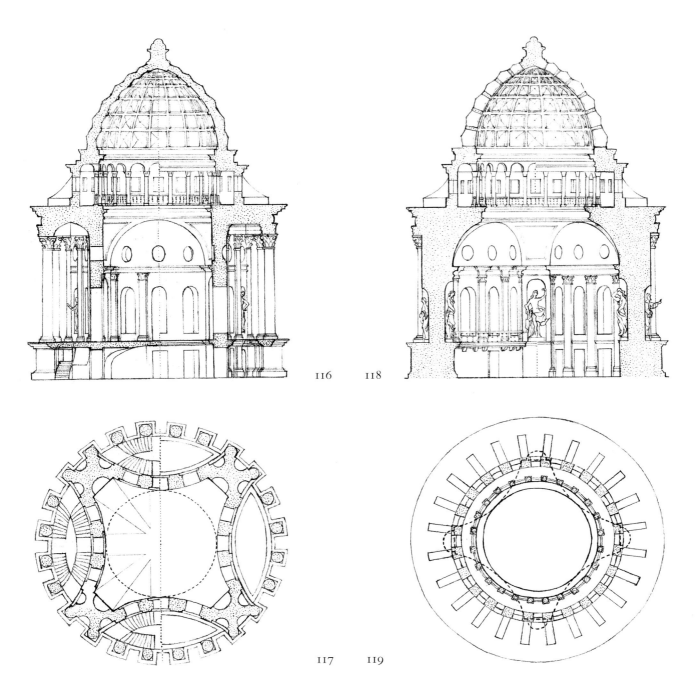

116–119 Querschnitte (116, 118) und Grundrisse des Erdgeschosses (117) und Tambours (119) mit je zwei verschiedenen Ausformungen rechts und links. Gleichbleibend: Säulenring, einwärts gebogene Mauern, Pendentifs, Tambour mit Streben und Kuppel

Raconigi

120 Blick in das Gewölbe des kreisförmigen Pavillons

Guarini scheint in den sechziger Jahren des 17. Jahrhunderts, in denen er an Schloß *Raconigi* gearbeitet hat, auch Pläne für zwei nicht ausgeführte Gartenpavillons angefertigt zu haben.

Das Entwurfsblatt (G 115) ist das einzige unter den Stichen seiner Pläne, auf dem zwei Gebäude wiedergegeben sind. Die Grundrisse sind nur zu einem Viertel gezeigt. Es ist auch der einzige Entwurf, bei dem die Schnitte und Risse nicht vollständig genug sind, um bei dem oberen Pavillon vollständige Innenansichten und bei dem unteren eine Außenansicht zeigen zu können. Offenbar kam es Guarini bei beiden Bauten nur auf die architektonischen Grundformen an, die er geklärt haben wollte, während die nicht gezeigte Außen- und Innengliederung einer späteren Ausarbeitung vorbehalten bleiben sollte. Er sah die genaue Festlegung aller Details wohl als untergeordnet an.

Der Aufriß und die drei schematisierten Viertelgrundrisse oben gehören zu einem kreisförmigen Bau. Ein Schnitt fehlt.

Zum vollen Grundriß ergänzt, ergibt sich ein Raum, der aus vier konkaven, einwärts gebogenen Wänden gebildet ist. Darüber befindet sich eine Kuppel über belichtetem Tambour. Die Verbindung zwischen den beiden gegensätzlich gebogenen Raumteilen läßt sich nur über Pendentifs herstellen. Den Architekten hat dasselbe Problem bereits in der Vierung des Entwurfs für die Kirche *S. Gaetano* in Vicenza beschäftigt, wo die Gurte unter der Kuppel gleichfalls konkav gebogen sind (37, 46). Alle anderen Raumteile und ihre Proportionen sind verschieden vorstellbar und in den beiden schematischen Schnitten auch verschieden gezeigt. Ob die Kuppel also ein- oder zweischalig sein sollte, geschlossene Kasetten haben sollte oder offene, ob der Umgang

121 Inneres des ovalen Pavillons

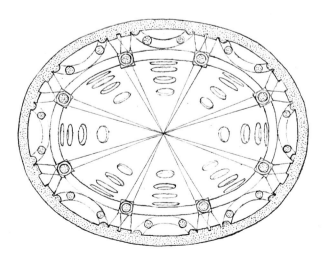

122 Vervollständigter Grundriß des ovalen Pavillons

Raconigi

flach gedeckt oder gewölbt gedacht war, bleibt offen. Dasselbe gilt für die Wandgliederung. Sie kann mit oder ohne Pilaster, ein- oder zweigeschossig, mit oder ohne Balkon, mit einer oder mehreren anschließenden Treppen – wie im französischen Schloß Guarinis – mit zwölf Türen oder einer Tür gedacht werden. Für den Architekten blieb das zunächst sekundär. Trotz großer Vorbehalte soll wenigstens eine Kuppelansicht gezeigt werden.

Die von Guarini abgewandelten Vorbilder dürften die römischen Rundtempel und Bramantes *Tempietto* in Rom gewesen sein. Von gleichem Aufbau ist das mehr als ein halbes Jahrhundert nach Guarinis Entwurf entstandene *Mausoleum* im Park von *Howard Castle* von Nicholas Hawksmoor. Wie die römischen Vorbilder handelt es sich um einen überkuppelten Zentralbau, der von einem Säulenring auf hohem Sockel umgeben ist. Der Innenraum ist, im Gegensatz zu Guarinis Gartenpavillon, kreisförmig bis zur Kuppel. Es ist kennzeichnend für Guarini, daß er einen Raum bildet, dessen Wände – unerwartet und überraschend für einen den Raum betretenden Betrachter – entgegengesetzt zur Säulenrotunde gebogen sind.

Die untere Hälfte des Stichs zeigt einen Längsschnitt und zwei schematisierte Grundrisse eines ovalen Pavillons. Eine Außenansicht fehlt. Sie ließe sich im Mauermantel nur kahl wiedergeben. Den Architekten interessierten die Formen und Kombinationen von Raumkörpern mehr als ihre dekorative Ausgestaltung.

Der Schnitt zeigt einen zweigeschossigen Bau. Die Kuppel weist 32 kreisförmige Öffnungen auf, und die Wände haben acht Fenster je Geschoß. Ob es sich bei dem waagrecht gedeckten Umgang um eine Scheinempore handelt oder außen eine Treppe angefügt werden sollte, bleibt offen. Eingänge sind nicht eingezeichnet.

Die acht tonnengewölbten Nischen des Erdgeschosses sind durch Säulen unter waagrechtem Gebälk voneinander getrennt. Rückwand und Arkaden sind im Grundriß gebogen. In den Nischen befinden sich volutengekrönte Einbauten, die aus kleineren Nischen bestehen, die in Gegenrichtung gebogen sind. Sie werden von Halb- und Vollsäulen gestützt. An ihren Rändern sind sie von waagrechtem Gebälk und in ihrer Mitte von einer Arkade überspannt, sogenannten Palladio- oder Serlio-Motiven.

Literaturhinweise

BOASE, A.: Sant'Anna Reale; aus: Guarino Guarini, e l'internazionalità del barocco, 1970, Turin

BORSI, F.: Guarino Guarini a Messina; aus: Guarino Guarini, e l'internazionalità del barocco, 1970, Turin

CERULLI, Sergio: Giovanni Santini, 1988, Rom

CESCHI, C.: Progetti del Guarini e del Vittone per la chiesa di San Gaetano a Nizza, Palladio 5, 1941, Rom

CHEVALLEY, G.: Vicende costruttive della chiesa di S. Filippo Neri in Torino; aus: Bollettino del Centro di studi archeologici ed artistici del Piemonte (Fasc. II), 1942, Turin

COFFIN, D. R.: Padre Guarino Guarini in Paris; Journal of the Society of Architectoral Historians, XV 2. 1956, Philadelphia

FERRERO, D. de: Chiese longitudinali de Guarini; aus: Guarino Guarini, e l'internazionalità del barocco, 1970, Turin

FERRERO, D. de: I „Disegni d'architettura civile et ecclesiastica" di Guarino Guarini e l'arte del maestro, 1966, Turin

FRANZ, Heinrich Gerhard: Balthasar Neumanns kurvierte Räume und ihre Vorstufen bei Borromini, Guarini und in Böhmen, 1987, München

GAGIOLO, Maurizio: Bernini, 1981, Rom

GRIMSCHITZ, Bruno: Johann Lucas von Hildebrandt, 1959, Wien, München

Guarino Guarini, e l'internazionalità del barocco, 1970, Turin

KLEEFISCH-JOBST, Ursula: Innenansicht des Pantheon, Katalog, Text zu Nr. 17, S. 156, aus: Architekturmodelle der Renaissance, 1995, München, New York

MEEK, H. A.: Guarino Guarini and his architecture, 1988, New Haven and London

MÜLLER, Claudia: Unendlichkeit und Transparenz in der Sakralarchitektur Guarinis, 1986, Hildesheim, Zürich, New York

PASSANTI, Mario: Disegni di lestre del trattato delle „architettura civile"; aus: Guarino Guarini, e l'internazionalità del barocco, 1970, Turin

PEROTTI, Maria Venturi: Borromini, 1951, Florenz

PEVSNER, Nokolaus: Christopher Wren, 1958, Mailand

PORTOGHESI, Paolo: Guarino Guarini, 1956, Mailand

PORTOGHESI, Paolo: Guarini a Vicenza, aus: Critica d'Arte n. s. IV (Fasc. 20, 21, 23), 1957, Florenz

PORTOGHESI, Paolo: Metodo e poesia nell'architettura di Bernardo Antonio Vittone; aus: Bolletino della società piemontesi di archeologia belle arti, 1960–61, Turin

PUPPI, Lionello: Andrea Palladio, 1982, München

SCHNEIDER, Gerd: Unbekannte Werke barocker Baukunst, Ansichten nach Entwürfen von Balthasar Neumann und Zeitgenossen, 1995, Wiesbaden

SCHÜTZ, Bernhard: Balthasar Neumann, 1986, Freiburg

TICHY, Franz: Studie zu Sakralbauten des Kilian Ignaz Dientzenhofer, 1995, München

TROMPETTO, M.: Storia del Santuario di Oropa, 1967, Mailand

VERZONE, P.: Struttura delle cupole del Guarini; aus: Guarino Guarini e l'internazionalità del barocco, 1970, Turin

VILIMKOVA, Milada / BRUCKER, Johannes: Dientzenhofer, 1989, Rosenheim

WERDEHAUSEN, Anna Elisabeth: Aristotele da Sangallo, Ansicht und Details der Außengliederung von Bramantes Tempietto, Katalog, Text zu Nr. 66, S. 242 und 243, aus: Architekturmodelle der Renaissance, 1995, München, New York

WRABEC, Jan: Barokowe kościoly na Śląsku wXVIIIw., 1986, Warschau

Abbildungsnachweis

Die mit einem vorgestellten G versehenen Abbildungen 1, 2, 8, 9, 10, 16, 17, 18, 25, 33, 34, 56, 57, 63, 64, 81, 82, 89, 90, 91, 100, 110, 111, 115 sind Stiche aus „Architettura civile" von Guarino Guarini.

Alle anderen Zeichnungen stammen vom Verfasser.